Otto Fürst von Bismarck

Gedanken und Erinnerungen

Dritter Band

Verlag
der
Wissenschaften

Otto Fürst von Bismarck

Gedanken und Erinnerungen

Dritter Band

ISBN/EAN: 9783957003720

Auflage: 1

Erscheinungsjahr: 2015

Erscheinungsort: Norderstedt, Deutschland

Hergestellt in Europa, USA, Kanada, Australien, Japan
Verlag der Wissenschaften in Hansebooks GmbH, Norderstedt

Cover: Foto ©Carsten Grunwald / pixelio.de

Verlag
der
Wissenschaften

Gedanken und Erinnerungen

Von

Otto Fürst von Bismarck

Dritter Band

Erinnerung und Gedanke

Von

Fürst Otto v. Bismarck

Widmung:

Den Söhnen und Enkeln
zum Verständniß der Vergangenheit
und zur Lehre für die Zukunft

MDCXL

J. G. Cotta'sche Buchhandlung Nachfolger
Stuttgart und Berlin 1922

Vorwort.

Die seinerzeit gegenüber den Erben des Reichskanzlers Fürsten Otto von Bismarck von dem Cotta'schen Verlag vertragsmäßig übernommene Verpflichtung, den dritten Band der „Gedanken und Erinnerungen" bei Lebzeiten Kaiser Wilhelm's II. nicht zu veröffentlichen, ist nach Ansicht des Verlages infolge der durch die Umwälzung veränderten Umstände gegenstandslos geworden.

Die Erben des Kanzlers haben dieser Rechtsauffassung nicht beizupflichten vermocht und gegen die alsbaldige Veröffentlichung Einspruch erhoben. Bei voller Würdigung der Beweggründe dieses Einspruchs hat der Verlag, um den immer dringender aus den verschiedensten Kreisen an ihn herantretenden Wünschen Rechnung zu tragen, sich nicht entschließen können, das Werk, dessen Manuskript seit einer Reihe von Jahren sich in den Händen des Verlages befindet, noch länger der Öffentlichkeit vorzuenthalten.

————

Inhaltsverzeichniß.

des erfahrenen Kanzlers unter den Willen des jugendlichen Kaisers 41. Streben nach Beseitigung und Nachfolge Bismarck's 41. Dessen Verdächtigung als Morphinist 41. Befürwortung der vom Kaiser gewollten Concessionen in den Fragen der Arbeiterschutzgesetzgebung und des Socialistengesetzes 42. Bismarck's Auffassung der Socialdemokratie als einer Kriegsgefahr für Monarchie und Staat, als einer inneren Kriegs- und Macht-, nicht als Rechtsfrage 42. Fernhaltung Bismarck's von Berlin durch den Kaiser vor dem Kronrath vom 24. Jan. 1890 in Boetticher's Kenntniß dieser Bismarck'schen Auffassung begründet 43. Bismarck's Empfehlung, das Präsidium des Staatsministeriums in militärische Hände zu legen 43. Boetticher's Eintreten für die Ansichten des Kaisers gegen Bismarck diesem ein erfreuliches Symptom für die Erstarkung der königlichen Macht während seiner Amtsführung 44.

Viertes Kapitel: Herrfurth

Herrfurth nur als Platzhalter berufen für den durch Friedrich III. entlassenen Minister des Innern von Puttkamer, dessen Wiederanstellung Wilhelm II. nach Ablauf einer Anstandsfrist beabsichtigt 45. Er knüpft, um aus dem Interimisticum ein Definitivum zu machen, an das Reformbedürfniß des jungen Kaisers an 45. Er gewinnt diesen für eine Reform der Landgemeindeordnung in den alten Provinzen 45. Schon vor Herrfurth's Eintritt ins Ministerium hat Bismarck ihm auseinandergesetzt, daß ein Bedürfniß zu einer derartigen Reform nicht vorliege 46. Herrfurth unternimmt trotzdem Schritte zur principiellen Neugestaltung der Zustände der Landgemeinden 46. Bismarck erfährt hiervon erst durch eine Deputation von Schönhauser Bauern 46. Wegen dieser ohne Einverständniß des Staatsministeriums getroffenen Maßnahmen befragt, gibt Herrfurth abschwächende und ausweichende Antworten 47. Schon damals Verdacht, daß er sich des kaiserlichen Einverständnisses mit seinen Bestrebungen hinter Bismarck's Rücken versichert habe 47.

Fünftes Kapitel: Der Kronrath vom 24. Januar

Der Gedanke, daß er den Ruhm seiner dereinstigen Regirung nicht mit Bismarck theilen werde, schon dem Prinzen Wilhelm durch Streber nahe gebracht 48. Die Verstimmung aus der Stöcker'schen Sache zunächst, wenigstens äußerlich, wieder verzogen 48. Trinkspruch des Prinzen 1888 an Bismarck's Geburtstag 48. Zum 1. Jan. 1889 Ausdruck des Wunsches, noch recht lange mit ihm zusammen zu wirken 49. Zeichen einer Verstimmung erst im October 1889 in Folge Abrathens von einem zweiten Besuche des Kaisers in Rußland 49. Steigerung derselben durch gegnerische Witzworte wie „Firma Bismarck und Sohn" 50. In Vor-

Versuch, eine solche Auffassung zu widerlegen 151. Widerspruch in seinen Reden; in späterer Befriedigung über den Erfolg seiner Politik kein Bedürfniß mehr, Bismarck einen Theil der Verantwortlichkeit zuzuschieben 152.

Frühere Versuche Oestreichs, seine intimen politischen Beziehungen zu uns zur Gewinnung wirthschaftlicher Vortheile auszubeuten 153. Zusammenhang derartiger Bestrebungen mit dem vermehrten Gewichte der ungarischen Reichshälfte und der galizischen Stimmen 153. Jedes ungeschickte Entgegenkommen deutscher Politik in Oestreich benützt, um inneren Schwierigkeiten abzuhelfen 154. Die Preisgebung der deutschen Agrarinteressen in Wien deutscherseits durch inhaltlose Phrasen begründet 154. Politische Intimität unter schwierigen Zollverhältnissen möglich 154. Oestreich hat das deutsche Bündniß nöthiger als Deutschland das östreichische 155. Die Politik der freien Hand für unsere europäischen Beziehungen einer durch wirthschaftliche Opfer erkauften Dauer des Bundes mit Oestreich vorzuziehen 155. Reifere Erfahrung und Sachkunde der östreichischen leitenden Staatsmänner gegenüber den unserigen in Geschäften dieser Art 156. Gefahr einer Revision der deutschen Rechnung durch die öffentliche Meinung der Nation in einem unbequemen Momente 156. Rückblick auf die Vorgeschichte des 1866er Krieges 157. Klarwerden der öffentlichen Meinung über Fehler in der auswärtigen Politik in der Regel erst im Rückblick auf die Geschichte eines Menschenalters 157. Aufgabe der Politik die möglichst richtige Voraussicht dessen, was andre Leute unter gegebenen Umständen thun werden 157. Verhältniß angeborener Befähigung hierfür zu geschäftlicher Erfahrung und Personalkenntniß; in unseren leitenden Kreisen sind diese Eigenschaften in beunruhigendem Umfange verloren gegangen 157.

Anmerkungen (Fußnoten) des Fürsten Bismarck sind durch einen Stern * kenntlich gemacht.

Erstes Kapitel

Prinz Wilhelm.

Ich habe mich unter dem alten Kaiser lange Zeit bemüht,
eine sachgemäße Vorbereitung des Enkels für seine hohe
Bestimmung zu erreichen. Vor allem hielt ich für geboten, den
Thronerben dem beschränkten Kreise des Potsdamer Regiments-
dienstes zu entziehen und mit andern als militärischen Strö-
mungen der Zeit in Berührung zu bringen. Daß ihm ein
Civilposten, zunächst etwa des Landraths, dann des Regirungs-
präsidenten unter Beirath eines geschulten Beamten übertragen
werde, das zu erreichen hatte ich keine Aussicht und beschränkte
mich auf das Bemühen, zunächst die militärische Uebersiedlung
des Prinzen nach Berlin durchzusetzen und ihn dort mit er-
weiterten Gesellschaftskreisen und mit den verschiednen Centralbehörden in Verbindung zu bringen. Die Hindernisse schienen
wesentlich in den Bedenken des Hausministeriums gegen den
durch Aufenthalt in Berlin verursachten Kostenaufwand, namentlich für Einrichtung des Schlosses Bellevue, zu liegen. Der
Wohnsitz blieb Potsdam, wo dem Prinzen von dem Oberpräsidenten von Achenbach Vorträge gehalten wurden. Auch er-
langte ich 1886 auf seinen Wunsch die Erlaubniß Sr. Majestät,
ihm die Acten und Geschäfte des Auswärtigen Amtes zugänglich zu machen, freilich unter scharfem Widerspruch des Kronprinzen, der mir darüber am 28. September aus Portofino
bei Genua schrieb:

„Mein Sohn Prinz Wilhelm hat, ehe ich darum wußte,
gegen Se. Majestät den Wunsch geäußert, während des bevor-

stehenden Winters mit der Thätigkeit unserer Ministerien näher
bekannt zu werden, und ist in Folge dessen, wie ich vernehme,
bereits in Gastein seine Beschäftigung im Auswärtigen Amte
in's Auge gefaßt worden.

Da mir bis jetzt von keiner Seite offizielle Mittheilungen
hierüber gemacht wurden, sehe ich mich veranlaßt, zunächst vertraulich mich an Sie zu wenden, einmal um zu erfahren, was
etwa bereits bestimmt ward, dann aber um zu erklären, daß
trotz meines principiellen Einverständnisses mit der Einführung
meines ältesten Sohnes in die Fragen der höheren Verwaltung
ich entschieden dagegen bin, daß er mit dem Auswärtigen Amt
beginne.

Denn angesichts der Wichtigkeit der dem Prinzen zu stellen-
den Aufgabe halte ich es für geboten, daß er vor allen Dingen
die inneren Verhältnisse seines eignen Landes kennen lerne
und dann sich mit denselben vertraut fühle, ehe er bei seinem
ohnehin schon sehr raschen und zur Uebereilung neigenden Urtheil sich auch nur einigermaßen mit der Politik befaßt. Sein
wirkliches Wissen ist noch lückenhaft, es fehlt ihm zur Zeit an
der gehörigen Grundlage, weshalb es durchaus erforderlich ist,
daß seine Kenntnisse gehoben und vervollständigt werden. Einen
solchen Zweck würde die Zutheilung eines Civil=Informators
und damit verbunden oder auch später die Beschäftigung auf
einem der Verwaltungs=Ministerien erfüllen.

Aber angesichts der mangelnden Reife sowie der Unerfahrenheit meines ältesten Sohnes, verbunden mit seinem Hang zur
Ueberhebung wie zur Ueberschätzung, muß ich es geradezu für
gefährlich bezeichnen, ihn jetzt schon mit auswärtigen Fragen
in Berührung zu bringen.

Indem ich Sie bitte, diese meine Mittheilung als nur allein
an Sie gerichtet zu betrachten, rechne ich auf Ihren Beistand
in dieser mich sehr ernst bewegenden Angelegenheit."

Ich bedauerte die daraus ersichtliche Stimmung zwischen Vater und Sohn und den Mangel an der Mittheilsamkeit zwischen Beiden, auf die ich gerechnet hatte, obschon der gleiche Mangel seit Jahren zwischen Sr. Majestät und dem Kronprinzen bestand; ich vermochte mich aber damals dem Urtheil des Letztern nicht anzuschließen, weil der Prinz bereits 27 Jahr alt war und da Friedrich der Große mit 28, Friedrich Wilhelm I. und III. in noch jüngerem Alter den Thron bestiegen. In meiner Erwiderung beschränkte ich mich darauf, zu sagen, daß der Kaiser befohlen und den Prinzen zum Auswärtigen Amte „commandirt" habe, und hervorzuheben, daß in der königlichen Familie die väterliche Autorität in der des Monarchen unterginge.

Gegen die Versetzung nach Berlin machte der Kaiser in erster Linie nicht den Kostenpunkt geltend, sondern den Umstand, daß der Prinz für die nächste militärische Beförderung, welche den äußerlichen Anlaß zu der Uebersiedlung bilden sollte, noch zu jung wäre; es half mir auch nichts, den Kaiser an sein eignes viel schnelleres Aufsteigen in der militärischen Hierarchie zu erinnern. Die Beziehungen des jungen Herrn zu unsren Centralbehörden blieben auf das mir untergebne Auswärtige Amt beschränkt, von dessen interessanteren Acten er mit Bereitwilligkeit, aber ohne Neigung zu ausdauernder Arbeit, Kenntniß nahm. Um ihn über den inneren Dienst eingehender zu unterrichten und um in den täglichen Verkehr des Prinzen ein civilistisches Element neben dem kameradschaftlichen einzuführen, bat ich den Kaiser, zu gestatten, daß ein höherer Beamter von wissenschaftlicher Bildung zu Sr. Königlichen Hoheit commandirt werde; ich schlug dazu den Unterstaatssecretär im Ministerium des Innern Herrfurth vor, der mir bei seiner Vertrautheit mit der Gesetzgebung und Statistik des ganzen Landes zu einem Mentor des Thronerben besonders geeignet schien. Auf meine Anregung lud mein Sohn im Januar 1888 den Prinzen und Herrfurth zu Tische, um die

persönliche Bekanntschaft zu vermitteln. Dieselbe führte aber
zu keiner weitern Annäherung. Der Prinz sagte, mit einem
so ungepflegten Barte habe er sich in seiner Jugend Rübezahl
vorgestellt, und bezeichnete auf meine Frage den Regirungs=
rath und Reserve=Offizier von Brandenstein in Magdeburg als
eine ihm zusagende Persönlichkeit. Dieser erschien in der That
nach allen Richtungen hin für die beabsichtigte Verwendung ge=
eignet und trat auf meine Bitte die Stellung an, äußerte aber
schon Mitte März den Wunsch, derselben enthoben zu werden
und zu seiner Thätigkeit in der Provinz zurückzukehren. Er
war von dem Prinzen sehr gnädig behandelt, wie ein will=
kommner Gast zu allen Mahlzeiten zugezogen worden, hatte
aber zu dem Bewußtsein einer geschäftlichen Thätigkeit nicht
gelangen und sich mit einem müßigen Hofleben nicht befreunden
können. Er ließ sich einstweilen zum Bleiben bewegen und
wurde im Juni, nachdem der Prinz den Thron bestiegen, auf
dessen Befehl zu einem höheren Posten in Potsdam ernannt,
gegen den auf Anciennitätsbedenken begründeten Widerspruch
der betheiligten Behörden.

Mein Bemühen, eine militärische Versetzung des Prinzen
in irgend eine Provinz zu erreichen, lediglich behufs Wechsels
der Potsdamer Regimentseinflüsse, blieb erfolglos. Die Di=
mension der Kosten des prinzlichen Haushalts in der Provinz
erschien dem Hausministerium noch bedeutender als in Berlin.
Auch die Kronprinzessin war dem Plane abgeneigt. Der Prinz
war zwar im Januar 1888 zum Brigadier in Berlin ernannt
worden, aber die Beschleunigung, welche in der Entwicklung
der Krankheit des Vaters eintrat, schnitt schließlich die Mög=
lichkeit ab, dem Prinzen vor seiner Thronbesteigung bezüglich
unsres staatlichen Lebens im Innern andre Eindrücke zu ver=
schaffen, als das Regimentsleben gewähren konnte.

Ein Thronerbe als Kamerad unter jungen Offizieren, deren
Begabteste vielleicht ihre dienstliche Zukunft im Auge haben,

kann nur in seltnen Fällen darauf rechnen, durch den Einfluß
seiner Umgebung in der Vorbereitung für seinen künftigen Be-
ruf gefördert zu werden. Die Beschränktheit des Vorlebens,
zu welchem der jetzige Kaiser durch die Sparsamkeit des Hausministeriums verurtheilt wurde und die ich nicht zu ändern vermochte, habe ich tief beklagt. Er ist dann auch mit Anschauungen
auf den Thron gekommen, die für unsre preußischen Begriffe
neu und nicht durch unser Verfassungsleben geschult sind.

Seit dem Jahre 1884 unterhielt der Prinz einen zu Zeiten
lebhaften Briefwechsel mit mir. In demselben wurde ein Ton
von Verstimmung auf seiner Seite zuerst bemerklich, nachdem
ich mit triftigen Gründen, aber mit aller Devotion in der Form
ihm von zwei Vorhaben abgerathen hatte. Das eine knüpft
sich an den Namen Stöcker.

Am 28. November 1887 fand bei dem General-Quartier-
meister Grafen Waldersee eine Versammlung statt, an welcher
der Prinz und die Prinzessin Wilhelm, der Hofprediger Stöcker,
Abgeordnete und andre bekannte Persönlichkeiten Theil nahmen,
um die Beschaffung von Mitteln für die Berliner Stadtmission
zu besprechen. Der Graf Waldersee eröffnete die Verhandlung
mit einer Rede, in welcher er betonte, daß die Stadtmission
keine politische Farbe trage, sondern ihre einzige Norm an der
Königstreue und Pflege des patriotischen Geistes habe; das
einzige wirksame Mittel, den anarchistischen Tendenzen entgegen
zu treten, sei die geistliche Versorgung, die mit der materiellen
Unterstützung Hand in Hand ginge. Der Prinz Wilhelm sprach
seine Zustimmung zu den Ausführungen des Grafen Waldersee
aus und hat sich nach dem Referat der Kreuzzeitung des Aus-
drucks „christlich-socialer Gedanke" bedient.

Aus dieser Versammlung kommend machte der Prinz meinem
Sohne einen Besuch, sprach über die Vorgänge in derselben
und äußerte: „Der Stöcker hat doch etwas von Luther." Mein

Sohn, der durch den Prinzen das Erste von jener Versammlung hörte, erwiderte, Stöcker möge seine Meriten haben und
sei ein guter Redner; aber er sei leidenschaftlich und könne sich
auf sein Gedächtniß nicht immer verlassen. Der Prinz entgegnete, Stöcker habe aber doch dem Kaiser viele Tausende von
Stimmen gewonnen, die er den Socialdemokraten entrissen
habe; mein Sohn erwiderte, seit den Wahlen im Jahre 1878
hätten die socialdemokratischen Stimmen constant zugenommen;
wenn Stöcker wirklich etwas gewonnen habe, so müßte doch
eine Abnahme nachweisbar sein. In Berlin sei die Betheiligung an den Wahlen eine geringe, der Berliner liebe aber
Versammlungen, Lärm und Schimpfen, und mancher Gleich-
gültige, der sonst garnicht zu wählen pflegte, hätte sich wohl in
Folge der Stöcker'schen Agitation eingefunden und für den von
ihm vorgeschlagenen Candidaten gestimmt. Daß aber Stöcker
und seine Agitation eine erhebliche Zahl von Socialdemokraten
bekehrt hätten, sei eine Täuschung.

Nach einem Jagd-Diner, welches bald nachher in Letzlingen
stattfand, ließ der Prinz ein Zeitungsblatt mit einem Artikel
über die Tendenzen jener Versammlung herumgehn. In der
Unterhaltung, welche sich darüber zwischen seinen Begleitern
entspann, vertrat mein Sohn die Ansicht, daß Stöcker nicht als
Pastor, sondern als Politiker aufzufassen und als solcher zu
scharf sei, als daß man dem Prinzen Wilhelm empfehlen
könnte, sich mit ihm zu identificiren.

Mein Sohn fuhr von Letzlingen über Berlin direct nach
Friedrichsruh, wo ich inzwischen mehrere Artikel über die sogenannte Waldersee-Versammlung gesehen hatte und ihn nach
der Bedeutung derselben fragte. Er erzählte, was in Letzlingen
vorgegangen war. Ich billigte seine Auffassung und bemerkte,
daß die Sache mich einstweilen nichts angehe. Mittlerweile wuchs
der Preßlärm, gutgesinnte Leute besuchten meinen Sohn und
klagten bitter im Interesse des Prinzen, daß er sich auf eine Sache

eingelassen habe, aus der er sich jetzt nicht herausfinden könne. Personen aus der Umgebung des Prinzen, die Erörterungen mit ihm gehabt, waren bestürzt über seine Heftigkeit und erzählten, daß mein Sohn bei ihm angeschwärzt worden sei; der Kammerherr von Mirbach habe dem Prinzen und der Prinzessin versichert, mein Sohn habe im December die scharfen Artikel in der „Norddeutschen Allgemeinen Zeitung“ geschrieben, die erst für das Cartell und die liberale Presse das Signal zur Stellungnahme gegen den Prinzen und seine Stöckerei gewesen wären. In der That rührten jene Artikel von Rottenburg *) her, mein Sohn hat sie nie gelesen, ich auch nicht.

Die Wirkung dieser Hetzerei bemerkte mein Sohn auf dem nächsten und allen folgenden Hoffesten, wo die Prinzessin Wilhelm, die bis dahin wohlwollend für ihn gewesen war, ihn so anhaltend ignorirte, daß das erste Wiederbemerken am Vorabende der Abreise nach Petersburg Statt fand, als das Staatsministerium insgesammt empfangen wurde.

Ich hatte keine Veranlassung gefunden, mich mit der Sache zu befassen, bis der Prinz folgenden Brief an mich richtete.

„Potsdam, den 21. December 1887.

Ich habe zu meinem Bedauern erfahren, daß Ew. Durchlaucht mit einem Werke, welches ich im Interesse der armen Klassen unsres Volkes begonnen habe, nicht einverstanden sein sollen. Ich fürchte, daß die hierüber von socialdemokratischen Blättern ausgegangenen und leider in viele andre Zeitungen übernommenen Nachrichten die Veranlassung gegeben haben, meine Absichten zu entstellen. Bei dem intimen Verhältniß, welches Ew. Durchlaucht mit mir schon so lange verbindet, hatte ich täglich gehofft, daß Ew. Durchlaucht direct bei mir Erkundigungen einziehn würden. Daher habe ich bis jetzt ge=

---

*) Dem Chef der Reichskanzlei.

schwiegen — halte es aber jetzt für meine Pflicht, um weiteren
Mißverständnissen und Mißdeutungen vorzubeugen, Ew. Durch=
laucht über den wirklichen Sachverhalt klar zu unterrichten.
Im vorigen Jahre wurde mir von vielen Hochgestellten in und
außer Berlin wiederholt der Wunsch ausgesprochen, im Inter=
esse der Armen Berlins zeitweise größere Festlichkeiten zu ver=
anstalten, deren Erträge eine dauernde Beihülfe für die
Berliner Stadtmission geben sollten. Mit Genehmigung Sr.
Majestät des Kaisers wurde unter meinem Protectorat ein
Reiterfest in Aussicht genommen. Dasselbe unterblieb damals.
Der Gedanke wurde in diesem Herbst von Neuem angeregt,
aber wegen der schweren Erkrankung meines Vaters wieder
fallen gelassen, und statt dessen meine Frau gebeten, wie schon
vor zwei Jahren das Protectorat über einen großen Bazar
zu übernehmen. Da indessen die Frau Prinzessin durch die
stets mehr beunruhigenden Nachrichten über den Kronprinzen
zu erschüttert war, wünschte sie, daß auch von dem Bazar
und sonst noch projectirten Festlichkeiten Abstand genommen
würde, und daß man sich durch einen Aufruf zu einer großen
Collecte direct an alle Freunde der Stadtmission und der Noth=
leidenden wenden möchte.

Zu diesem Zwecke sollte ein größeres Comité gebildet wer=
den, welchem beizutreten ich Freunde der Sache aus allen Pro=
vinzen und zwar absichtlich aus den verschiedensten politischen
Parteien und verschiedenen Confessionen auffordern ließ. An die
Spitze dieses Comité's traten auf meinen Vorschlag: Graf Stol=
berg, Minister von Puttkamer, Minister von Goßler, Graf
Waldersee und Graf Hochberg mit ihren Gemahlinnen.

Zum 28. November luden meine Frau und ich ungefähr
30 Personen zu einer Vorbesprechung beim Grafen von Walder=
see ein. Ich legte dort den Herren meine Absichten aus Herz
und betonte, daß es mir vom größten Interesse sei, bei dieser
Arbeit christlicher Liebe Leute verschiedener politischer Parteien

zu vereinen, um dadurch jeden politiſchen Gedanken fern zu
halten und auf dieſe Weiſe möglichſt viele verſchiedene gute
Elemente zu gemeinſamer chriſtlicher Arbeit anzufeuern. Daß
es gerade mir in meiner ſchwierigen, verantwortungsvollen und
dornenvollen Lage daran gelegen ſein mußte, einer ſolchen Sache
keinen politiſchen Anſtrich zu geben, verſteht ſich doch wohl von
ſelbſt. Auf der anderen Seite aber bin ich davon durchdrungen,
daß eine Vereinigung dieſer Elemente zu dem genannten Zweck
ein anzuſtrebendes Ziel iſt, welches das wirkſamſte Mittel zur
nachhaltigen Bekämpfung der Socialdemokratie und des Anar-
chismus bietet. Die in den einzelnen großen Städten des Reichs
bereits beſtehenden Stadtmiſſionen ſcheinen mir dazu die geeigneten Werkzeuge.

Ich begrüßte es daher mit Freuden, daß in der Verſamm-
ung von den verſchiedenſten Seiten, beſonders von Liberalen
— v. Benda ꝛc. — der Vorſchlag gemacht wurde, das beab-
ſichtigte Werk auf alle Großſtädte der Monarchie gleichmäßig
auszudehnen. So würde die Berliner Stadtmiſſion nur ein
gleichberechtigtes Glied in einer Kette vieler anderer gleichſtehen-
der Stadtmiſſionen ſein und keine bevorzugtere Rolle haben als
Magdeburg oder Stettin.

Dadurch wird der Verdacht hoffentlich beſeitigt werden, der
durch die abſichtlichen Entſtellungen der Preſſe ſofort künſtlich
wachgerufen ward, als ob es ſich um eine ſpecifiſch Stöcker'ſche
Sache handele. Dazu kommt, daß die Abſicht iſt, die vereinigten Stadtmiſſionen unter Aufſicht und Leitung eines hervor-
ragenden Geiſtlichen — der ebenfalls Mitglied des Arbeitscomité's, in dem die voraufgeführten Miniſter ſind, ſein würde —,
jedenfalls nicht Stöcker zu ſtellen. So würde die Berliner
Stadtmiſſion bez. der gefürchtete Stöcker in die Linie aller
Anderen zu ſtehn kommen und er nicht mehr bei der Sache,
die das Comité führt, betheiligt ſein als das Haupt der Stadtmiſſion zu Leipzig oder Hamburg oder Stettin. Die Berliner

Stadtmission ist ein durch Gewährung einer regelmäßigen, landeskirchlichen Collecte in der letzten Generalsynode auch durch einstimmiges Votum sogar von liberaler Seite sanctionirtes Institut. Die vornehmsten und angesehensten Leute aller Provinzen sind seit Jahren Träger der Stadtmissions-Hülfs-Vereine, durch deren Unterstützung und Heranziehung ich mir für die moralische Hebung der Massen, durch das Mitwirken so vieler solcher edlen Kräfte, die beste Hülfe verspreche.

Es hat mich empört, daß man die Sache durch ein unwahres, aber sehr schlau und wohl berechnetes Hervorheben der Person Stöcker's zu verdächtigen und zu hintertreiben gesucht hat. Trotz aller anerkennenswerthen Leistungen dieses Mannes für Monarchie und Christenthum haben wir in der von mir beabsichtigten Vereinigung gerade wegen der öffentlichen Meinung denselben zurückgestellt, was, wie ich es mir schon vorher auszuführen erlaubte, bei der Ausdehnung des Werkes über die ganze Monarchie in noch höhrem Maße bedingt wird, und bereits in der Versammlung selbst durch Graf Waldersee scharf betont wurde. Denn, da das gesammte Werk ein farbloses, nicht politisches ist, so steht es auch allen Parteien offen, mitzuwirken; und ist es eben beabsichtigt, eine absolut nicht politische Persönlichkeit zur Leitung der Missionsarbeit im Lande zu berufen, der die einzelnen Stadtmissionen unterstellt sein werden.

Zu dem Zweck wird auch der Herr Cultusminister um Rath gefragt werden, ob er eine geeignete Persönlichkeit vorzuschlagen wisse.

Männer wie Graf Stolberg, Waldersee, General Graf Kanitz, Graf Hochberg, Graf Ziethen-Schwerin, v. Benda, Miquel und Ew. Durchlaucht treuergebene Collegen von Puttkamer und von Goßler bürgen — sollte ich meinen — schon dafür, daß die Sache in richtiger und vorschriftsmäßiger Weise geleitet werde, und zum Heile des Landes und zur festen, nachhaltigen Förderung Ew. Durchlaucht schweren und herrlichen Werkes im Inneren ausschlagen werde. Mich beseelt persönlich ja nur der so oft ausgesprochene Wunsch Sr. Majestät, die irregehenden Volksmassen durch gemeinsame Arbeit aller guten Elemente jeden Standes und jeder Partei auf dem Gebiete christlicher Thätigkeit dem Vaterland wiederzugewinnen, eine Absicht, die ja auch von Ew. Durchlaucht so umständlich vertreten wird. Das Bekanntwerden der Sache hat Anfangs großen Beifall gefunden, bis die socialdemokratischen und freisinnigen Blätter darüber herfielen und die unglaublichsten, theilweise unverschämtesten Verdächtigungen in die Welt setzten. Sie haben allerdings erreicht, was sie wollten, und Viele stutzig gemacht. Ich hoffe aber bestimmt, daß mit der bereits an vielen Orten hervortretenden Anerkennung meiner wahren, unparteiischen Ansichten die gute Sache gefördert und Segen bringen wird, und daß die niederträchtigen Angriffe zur Klärung und Läuterung beitragen werden.

Meine hohe, warme Verehrung und herzliche Anhänglichkeit, die ich für Ew. Durchlaucht hege, — ich ließe mir stückweise ein Glied nach dem anderen für Sie abhauen eher, als daß ich etwas unternähme, was Ihnen Schwierigkeiten machen oder Unannehmlichkeiten bereiten würde — sollten, mein' ich, Bürge sein, daß ich mich bei diesem Werke auf keine politische Parteigedanken eingelassen habe. Ebenso lassen mich das große Vertrauen und die warme Freundschaft, die mir Ew. Durchlaucht immer entgegengebracht, und die ich stets stolzen Herzens dankbarst und freudig erwiedert habe, hoffen, daß Ew. Durchlaucht nach diesen Auseinandersetzungen mir auch Ihr Wohlwollen hierin, da ich mit reinster Absicht und in frohester Zuversicht dies Werk mit vielen, treuen, edlen Männern begonnen habe, schenken und mir Ihre Unterstützung, die am wirksamsten alle Verdächtigungen zerstreut, nicht versagen werden.

Um kurz zu rekapituliren: Es wird sich demnächst ein Arbeitscomité constituiren unter Theilnahme der Minister, das die allgemeinen Bahnen für die Arbeit festlegt; speciell die

Ausdehnung über das ganze Land ins Auge faßt. Die Provinzen und deren Hauptstädte senden Bevollmächtigte, welche
die Provinzen vertreten und in ihnen die Arbeit leiten. Die
Missionsarbeit ist einem geeigneten Mann zu übertragen, der
dem Comité angehört (etwa ein Gen.-Superintendent?) und die
gesammten Missionen unter seiner Leitung hat. Das Comité
theilt mir von Zeit zu Zeit mit, was beschlossen worden. Ich
stehe nicht einmal als Protector der Sache nahe, sondern nur
als wohlwollender Förderer von Weitem.

Indem ich hiermit meinen Brief schließe, wünsche ich Ew.
Durchlaucht ein gutes Neues Jahr, möge es Ihnen beschieden
sein, das Land in Ihrer gewohnten weisen Fürsorge fortzu-
leiten, sei es zum Frieden, sei es zum Kriege. Falls das
Letztere sich ereignen sollte, mögen Sie nicht vergessen, daß
hier eine Hand und ein Schwert bereit sind von einem Manne,
der sich wohl bewußt ist, daß Friedrich der Große sein Ahnherr
ist und drei mal soviel allein bekämpfte, als wir jetzt gegen
uns haben; und der seine 10 Jahre militärischer Ausbildung
nicht umsonst hart gearbeitet hat!

Im Uebrigen ‚Alleweg guet Zolre!‘

In treuster Freundschaft
Wilhelm Prinz von Preußen.“

Einige Wochen vorher hatte er mich von einem anderen
Vorhaben durch folgendes Schreiben in Kenntniß gesetzt.

„Potsdam, den 29. November 1887.

Marmorpalais.

Ew. Durchlaucht erlaube ich mir anbei ein Schriftstück zu
übersenden, welches ich im Hinblick auf die nicht unmögliche
Eventualität eines baldigen oder überraschenden Hinscheidens
des Kaisers und meines Vaters verfaßt habe. Es ist ein
kurzer Erlaß an meine künftigen Collegen, die deutschen Reichs-

fürsten. Der Standpunkt, von welchem aus ich geschrieben habe, ist kurz folgender:

Das Kaiserthum ist noch neu, der Wechsel in demselben der erste, welcher sich ereignet. Bei diesem geht die Macht von einem mächtigen, in der Geschichte des Aufbaues und der Gründung des Reiches hervorragend betheiligten Fürsten an einen jungen ziemlich unbekannten Herrn. Die Fürsten sind fast alle der Generation meines Vaters angehörig, und ist es menschlich gedacht ihnen nicht übel zu nehmen, wenn ihnen es zum Theil sauer ankommt, unter den neuen so jungen Herrn zu treten. Daher muß die von Gottes Gnaden herstammende Erbfolge als ein selbständiges fait accompli den Fürsten gegenüber betont werden, und zwar so, daß sie keine Zeit haben, viel darüber zu grübeln. Daher ist mein Gedanke und der Wunsch dahin lautend, daß, nach Durchsicht seitens Ew. Durchlaucht und eventueller Amendirung, an jeder Gesandtschaft diese Proclamation versiegelt deponirt und im Falle meines Regirungsantritts sogleich durch die Gesandten den betreffenden Fürsten übergeben werde. Mein Verhältniß zu allen Vettern im Reich ist ein recht gutes, ich habe mich mit fast jedem im Laufe der Zeit über die Zukunft beredet und durch meine Verwandtschaft mit dem größten Theil der Herren eine sehr angenehme Basis des freundschaftlichen Verkehrs herauszubilden gesucht. Das werden Ew. Durchlaucht in dem Passus erkennen, wo von der Unterstützung durch Rath und That die Rede ist, d. h. die alten Onkels sollen dem lieben jungen Neffen nicht Knüppel zwischen die Beine stecken! Ich habe betreffs der Stellung eines zukünftigen Kaisers öfters mit meinem Herrn Vater Meinungsaustausch gehabt, wobei ich sehr bald sah, daß wir sehr verschiedener Ansicht seien. Ersterer war stets der Meinung, er habe allein zu commandiren und die Fürsten hätten zu pariren, während ich die Ansicht vertrat, man müsse die Fürsten nicht als einen Haufen Vasallen, sondern mehr als eine Art von

Collegen ansehen, deren Wort und Wunsch man ruhig mithören
müsse; ob man sie erfülle, das sei etwas andres. Mir wird
es leicht werden per Neffe zu Onkel mit diesen Herren, sie
durch kleine Gefälligkeiten zu gewinnen und durch etwaige Höf=
lichkeitsbesuche zu kirren. Habe ich sie erst von meinem Wesen und
Art überzeugt und in die Hand mir gespielt, nun dann pariren
sie mir um so lieber. Denn parirt muß werden! Aber besser,
es geschieht aus Ueberzeugung und Vertrauen als gezwungen!

Indem ich schließe, spreche ich die Hoffnung aus, daß Ew.
Durchlaucht den gewünschten Schlaf wieder gefunden haben
mögen, und bleibe stets

Ihr

treu ergebener

Wilhelm Prinz von Preußen."

Ich faßte die Beantwortung beider Briefe in nachstehendem
Schreiben zusammen.

„Friedrichsruh, den 6. Januar 1888.

Ew. Königliche Hoheit wollen mir huldreich verzeihn, daß
ich Hochdero gnädige Schreiben vom 29. November und
21. December nicht schon beantwortet habe. Ich bin von
Schmerzen und Schlaflosigkeit so matt, daß ich nur schwer die
täglichen Eingänge bewältige, und jede Arbeitsanstrengung
steigert diese Schwäche. Ich kann Ew. auf diese Briefe nicht
anders als eigenhändig antworten, und meine Hand leistet mir
den Schreibedienst nicht mehr so leicht wie früher. Außerdem
müßte ich, um gerade diese Briefe in einer befriedigenden Art
zu beantworten, ein historisch=politisches Werk schreiben. Nach
dem guten Sprichwort, daß das Beste des Guten Feind ist,
will ich aber lieber jetzt insoweit antworten, wie meine Kräfte
reichen, als länger in unehrerbietigem Schweigen bessere Kräfte
abwarten. Ich hoffe in Kurzem in Berlin zu sein und dann

mündlich nachzuholen, was zu schreiben meine Leistungsfähigkeit überschreitet.

Die Anlage des Schreibens vom 29. November v. J. beehre ich mich Ew. hierbei unterthänigst wieder vorzulegen, und möchte ehrerbietig anheimgeben, sie ohne Aufschub zu verbrennen. Wenn ein Entwurf der Art vorzeitig bekannt würde, so würden nicht nur Se. Majestät der Kaiser und Se. Königliche Hoheit der Kronprinz peinlich davon berührt sein; das Geheimniß ist aber heut zu Tage stets unsicher. Schon das einzige existirende Exemplar, welches ich hier sorgfältig unter Verschluß gehalten habe, kann in unrechte Hände fallen; wenn aber einige zwanzig Abschriften gefertigt und bei 7 Gesandtschaften deponirt würden, so vervielfältigen sich die Möglichkeiten böser Zufälle und unvorsichtiger Menschen. Auch wenn schließlich von den Documenten der beabsichtigte Gebrauch gemacht würde, so würde die dann kund werdende Thatsache, daß sie vor dem Ableben regierender Herren redigirt und bereit gehalten wären, keinen guten Eindruck machen. Ich habe mich herzlich gefreut, daß Ew., im Gegensatz zu den schärfern Auffassungen Ihres erlauchten Herrn Vaters, die politische Bedeutung erkennen, welche in dem freiwilligen Mitwirken der verbündeten Fürsten zu den Reichszwecken liegt. Wir wären in der Vergangenheit von nur 17 Jahren der Parlamentsherrschaft schon verfallen, wenn die Fürsten nicht fest zum Reich gestanden hätten, und freiwillig, weil sie selbst zufrieden sind, wenn sie behalten, was ihnen das Reich verbürgt; und noch mehr in Zukunft, wenn der Nimbus von 1870 verblaßt sein wird, liegt die Sicherheit des Reiches und seiner monarchischen Institutionen in der Einigkeit der Fürsten. Letztere sind nicht Unterthanen, sondern Bundesgenossen des Kaisers, und wird ihnen der Bundesvertrag nicht gehalten, so werden sie sich auch nicht dazu verpflichtet fühlen, und Anlehnung suchen wie früher, bei Rußland, Oestreich und Frankreich, sobald die Gelegenheit dazu günstig er-

scheint, wie immer national sie sich halten mögen, solange der
Kaiser der stärkere ist. So war es seit 1000 Jahren, und so wird
es sein, wenn die alte Eifersucht der Dynastien wieder gereizt
wird. Acheronta movebunt; auch die Opposition im Parlament
würde eine ganz andere Kraft gewinnen, wenn die bisherige
Geschlossenheit des Bundesrathes aufhörte und Baiern und
Sachsen mit Richter und Windthorst gemeinsame Sache machten.
Es ist also eine sehr richtige Politik, die Ew. veranlaßt, Sich
in erster Linie an ‚die Herren Vettern‘ wenden zu wollen.
Ich würde aber unterthänigst anheimstellen, dies mit der Zu=
sicherung zu thun, daß der neue Kaiser die ‚vertragsmäßigen
Rechte der verbündeten Fürsten‘ ebenso gewissenhaft achten und
schützen werde wie Seine Vorgänger. Es wird sich nicht
empfehlen, dabei den ‚Ausbau‘ und das ‚Einigen‘ des Reiches,
als eine bevorstehende Arbeit, besonders zu accentuiren;
denn darunter werden die Fürsten weitre ‚Centralisation‘ und
Minderung der ihnen nach der Verfassung gebliebenen Rechte
verstehn. Wenn aber Sachsen, Baiern, Würtemberg stutzig
würden, so wäre der Zauber der nationalen Einheit mit seiner
mächtigen Wirkung auch in Preußens neuen Provinzen, und
besonders im Auslande, gebrochen. Der nationale Gedanke
ist auch den Social= und andren Demokraten gegenüber, auf
dem Lande vielleicht nicht, aber in den Städten stärker als der
christliche. Ich bedauere es, sehe aber die Dinge, wie sie sind.
Die festeste Stütze der Monarchie suche ich aber in beiden nicht,
sondern in einem Königthum, dessen Träger entschlossen ist, nicht
nur in ruhigen Zeiten arbeitsam mitzuwirken an den
Regirungsgeschäften des Landes, sondern auch in kritischen
lieber mit dem Degen in der Faust auf den Stufen des Thrones
für sein Recht kämpfend zu fallen, als zu weichen. Einen solchen
Herrn läßt kein deutscher Soldat im Stich, und wahr bleibt
das alte Wort von 1848: ‚Gegen Demokraten helfen nur Sol=
daten.‘ Priester können dabei viel verderben und wenig helfen;

die prieſterfrommſten Länder ſind die revolutionärſten, und 1848 ſtanden in dem gläubigen Pommerlande alle Geiſtlichen zur Regirung, und doch wählte ganz Hinterpommern ſocialiſtiſch, lauter Tagelöhner, Krüger und Eieraufkäufer.

Ich komme damit auf den Inhalt des gnädigen Schreibens vom 21. v. M. und beginne am liebſten mit dem Schluſſe deſſelben und dem Ausdruck des Bewußtſeins, daß Friedrich der Große Ew. Ahnherr iſt, und bitte Höchſtdieſelben, ihm nicht bloß als Feldherr, auch als Staatsmann zu folgen. Es lag nicht in der Art des großen Königs, ſein Vertrauen auf Elemente wie das der inneren Miſſion zu ſetzen; die Zeiten ſind heut freilich andere, aber die Erfolge, welche durch Reden und Vereine gewonnen werden, auch heut keine dauernden Unterlagen monarchiſcher Stellungen; für ſie gilt das Wort ‚wie gewonnen ſo zerronnen'. Beredtſamkeit der Gegner, giftige Kritik, taktloſe Mitarbeiter, deutſche Zankſucht und Mangel an Disciplin bereiten der beſten und ehrlichſten Sache leicht einen betrübten Ausgang. Mit ſolchen Unternehmungen wie die „Innere Miſſion', beſonders in der Ausdehnung wie ſie beabſichtigt iſt, ſollte meines unter=thänigſten Dafürhaltens Ew. Name nicht in ſolche Verbindung treten, daß er von dem möglichen Mißerfolge mitbetroffen würde. Der Erfolg entzieht ſich aber jeder Berechnung, wenn die Verbindung ſich auf alle großen Städte ausdehnt und alſo die Elemente und Richtungen alle in ſich aufnimmt, welche in den Localverbänden ſchon vorhanden ſind oder in ſie eindringen werden. In ſolchen Vereinen iſt ſchließlich nicht der ſachliche Zweck für das wirkliche Ergebniß maßgebend, ſondern die darin leitenden Perſonen drücken ihnen Stempel und Richtung auf. Das werden Redner und Geiſtliche ſein, vielfach auch Damen, lauter Elemente, die zu einer politiſchen Wirkſamkeit im Staate nur mit Vorſicht verwendbar ſind und von deren Wohlverhalten und Takt ich die Meinung des Volkes über ſeinen künftigen König in keiner Weiſe abhängig wiſſen möchte. Jeder Fehler,

jedes Ungeschick, jeder Uebereifer in der Vereinsthätigkeit wird
den republikanischen Blättern Anlaß geben, den hohen Protector
des Vereins mit dessen Verirrungen zu identificiren.

Ew. führen eine stattliche Zahl achtbarer Namen als ein=
verstanden mit Höchstdero Betheiligung an. Unter denselben
finde ich einmal keinen, dem ich die Verantwortung für die
Zukunft des Landes isolirt zumuthen möchte; dann aber fragt
sich, wie viele von den Herren ein Interesse an der inneren
Mission bethätigen würden, wenn sie nicht wahrgenommen hätten,
daß Ew. und die Frau Prinzessin der Sache Höchstihre Theil=
nahme zuwenden. Ich bin nicht bestrebt, Mißtrauen zu wecken,
wo Vertrauen besteht; aber ein Monarch kann ohne einiges
Mißtrauen erfahrungsmäßig nicht fertig werden, und Ew. stehen
dem hohen Berufe zu nahe, um nicht jedes Entgegenkommen
daraufhin zu prüfen, ob es der Sache gilt, um die es sich
gerade handelt, oder dem künftigen Monarchen und dessen Gunst.
Wer von Ew. Vertrauen in der Zukunft etwas begehren will,
der wird heut schon streben, eine Beziehung, ein Band zwischen
sich und dem künftigen Kaiser herzustellen; und wie viele sind
ohne geheimen Wunsch und Ehrgeiz? und auch für den, der es
ist, bleibt in unsern monarchisch gesinnten Kreisen das Streben
nicht ohne Wirkung, in irgend welchem nähern Verhältniß zum
Monarchen zu stehen. Das Rothe Kreuz und andere Vereine
würden ohne J. Majestät die Kaiserin so viele Theilnahme nicht
finden; das Verlangen, zum Hofe in Beziehung zu stehen, kommt
der Nächstenliebe zu Hülfe. Das ist auch erfreulich und schadet
der Kaiserin nicht. Anders ist es mit Thronerben. Unter
den Namen, die Ew. nennen, ist keiner ganz ohne politischen
Beigeschmack, und der Bereitwilligkeit, den Wünschen des hohen
Protectors zu dienen, liegt die Hoffnung zu Grunde, sich oder
der Fraction, der man angehört, den Beistand des künftigen
Königs zu gewinnen. Ew. werden nach der Thronbesteigung
die Männer und die Parteien mit Vorsicht und mit wechselnden

Treffen nach Höchsteigenem Ermessen benutzen müssen, ohne die
Möglichkeit, äußerlich einer unserer Fractionen Sich hinzugeben.
Es gibt Zeiten des Liberalismus und Zeiten der Reaction, auch
der Gewaltherrschaft. Um darin die nöthige freie Hand zu
behalten, muß verhütet werden, daß Ew. schon als Thronfolger
von der öffentlichen Meinung zu einer Parteirichtung gerechnet
werden. Das würde nicht ausbleiben, wenn Höchstdieselben zur
inneren Mission in eine organische Verbindung treten, als
Protector. Die Namen von Benda und Miquel sind für mich
nur ornamentale Zuthaten; beide Minister-Candidaten der
Zukunft; auf dem Gebiete der Mission werden sie aber, Stöcker
und andern Geistlichen gegenüber, das Rennen bald aufgeben.
Schon in dem Namen ‚Mission' liegt ein Prognostikon dafür,
daß die Geistlichkeit dem Unternehmen die Signatur geben wird,
selbst dann, wenn das arbeitende Mitglied des Comité nicht ein
General-Superintendent sein würde. Ich habe Nichts gegen
Stöcker; er hat für mich nur den einen Fehler als Politiker,
daß er Priester ist, und als Priester, daß er Politik treibt.
Ich habe meine Freude an seiner tapferen Energie und an
seiner Beredtsamkeit, aber er hat keine glückliche Hand; die
Erfolge, die er erreicht, bleiben momentan, er vermag sie nicht
unter Dach zu bringen und zu erhalten; jeder gleich gute Redner,
und deren giebt es, entreißt sie ihm; zu trennen von der
innern Mission wird er nicht sein, und seine Schlagfertigkeit sichert ihm den maßgebenden Einfluß darin auf seine
Amtsbrüder und die Laien. Er hat sich bisher einen Ruf erworben, der die Aufgabe, ihn zu schützen und zu fördern, nicht
erleichtert; jede Macht im Staate ist stärker ohne ihn als mit
ihm, in der Arena des Parteikampfes aber ist er ein Simson.
Er steht an der Spitze von Elementen, die mit den Traditionen
Friedrich's d. Gr. in schroffem Widerspruch stehen, und auf die
eine Regirung des Deutschen Reiches sich nicht würde stützen
können. Mir hat er mit seiner Presse und seiner kleinen Zahl

von Anhängern das Leben schwer und die große conservative
Partei unsicher und zwiespältig gemacht. Die „Innere Mission‘
aber ist ein Boden, aus dem er wie der Riese Antäus stets
neue Kräfte saugen und auf dem er unüberwindlich sein wird.
Die Aufgabe Ew. und Höchstihrer dereinstigen Minister würde
wesentlich erschwert werden, wenn sie die Vertretung der
„inneren Mission‘ und der Organe derselben in sich schließen
sollte. Der evangelische Priester ist, sobald er sich stark genug
dazu fühlt, zur Theokratie ebenso geneigt wie der katholische,
und dabei schwerer mit ihm fertig zu werden, weil er keinen
Papst über sich hat. Ich bin ein gläubiger Christ, aber ich
fürchte, daß ich in meinem Glauben irre werden könnte, wenn
ich, wie der Katholik, auf priesterliche Vermittlung zu Gott
beschränkt wäre.

Ew. sprechen in Höchstdero Schreiben vom 21. v. M. die
Meinung aus, daß ich Anlaß gehabt hätte, schon früher bei
Höchstdenselben über die vorliegende Frage Erkundigungen ein-
zuziehn; ich bin aber erst durch Ew. jüngstes Schreiben von
der Lage der Sache informirt worden, und meine Antwort hat
keine andere Unterlage als den Inhalt besagten Schreibens.
Was ich bis dahin wußte, genügte zwar, um mir einige Sorge
über Preßangriffe auf Ew. zu wecken, aber ich hatte zu wenig
Glauben an den Ernst der Sache, um mich direct an Höchstdieselben zu wenden. Erst der Brief vom 21. überzeugte mich
vom Gegentheil.

Ew. wollen die freimüthige Offenheit, mit der ich meine
Ansicht in Vorstehendem ausspreche, mit Nachsicht aufnehmen.
Das Vertrauen, mit dem Hochdieselben mich jederzeit beehrt,
und die Gewißheit, welche Ew. in Betreff meiner ehrerbietigen
Anhänglichkeit haben, lassen mich auf diese Nachsicht rechnen.
Ich bin alt und matt und habe keinen andern Ehrgeiz mehr,
als mir die Gnade des Kaisers und Seiner Nachfolger zu be-
wahren, wenn ich meinen Herrn überleben sollte. Mein Pflicht-

gefühl gebietet mir, dem Kaiserhause und dem Lande ehrlich
zu dienen, so lange ich kann, und zu diesem Dienst gehört es,
daß ich Ew. in Antwort auf Höchstdero Schreiben dringlich ab=
rathe, Sich vor der Thronbesteigung schon die Fessel irgend
welcher politischen oder kirchlichen Vereinsbeziehung aufzuer=
legen. Alle Vereine, bei welchen der Eintritt und die Thätig=
keit der einzelnen Mitglieder von diesen selbst abhängig ist und
von ihrem guten Willen und persönlichen Ansichten, sind als
Werkzeuge zum Angreifen und Zerstören des Bestehenden
sehr wirksam zu verwenden, aber nicht zum Bauen und Er=
halten. Jeder vergleichende Blick auf die Ergebnisse conser=
vativer und revolutionärer Vereinsthätigkeit überzeugt von dieser
bedauerlichen Wahrheit. Zum positiven Schaffen und Erhalten
lebensfähiger Reformen ist bei uns nur der König an der
Spitze der Staatsgewalt auf dem Wege der Gesetzgebung
befähigt. Die Kaiserliche Botschaft bezüglich socialer Reformen
wäre ein todter Buchstabe geblieben, wenn ihre Ausführung von
der Thätigkeit freier Vereine erwartet worden wäre; die können
wohl Kritik üben und über Schäden Klage führen, aber heilen
können sie letztere nicht. Das sichere Mißlingen ihrer Unter=
nehmungen können die Vereinsmitglieder um so leichter tragen,
als jeder nachher den Andern anklagt; einen Thronfolger als
Protector aber trifft es schwerer in der öffentlichen Meinung.
Mit Ew. in einem Verein zu sein, ist für jedes andere Mit=
glied ehrenvoll und nützlich ohne jedes Risico; nur für Ew.
tritt das umgekehrte Verhältniß ein; jedes Mitglied fühlt sich
gehoben und macht sich wichtig mit dem Vereinsverhältniß zum
Thronerben, und Letzterer hat allein als Gegenleistung für die
Bedeutung, welche er dem Verein verleiht, Nichts als die Ge=
fahr des Mißlingens durch Anderer Schuld. Aus dem an=
liegenden Ausschnitt der Freisinnigen Zeitung, der mir heut
zugeht, wollen Ew. huldreich ersehn, wie schon heut die Demo=
kratie bemüht ist, Hochdieselben mit der sogenannten christlich=

socialen Fraction zu identificiren. Sie druckt die Sätze ge=
sperrt, durch welche Ew. und meine Beziehungen zu dieser
Fraction in's Publikum gebracht werden sollen. Das geschieht
von der Freisinnigen Zeitung doch gewiß nicht aus Wohlwollen
oder um der Regirung des Kaisers einen Dienst zu erweisen.
‚Religiöse und sittliche Bildung der Jugend‘ ist an sich ein ehren=
werther Zweck, aber ich fürchte, daß hinter diesem Aushänge=
schild andere Ziele politischer und hierarchischer Richtung ver=
folgt werden. Die unwahre Insinuation des Pastors Seydel,
daß ich ein Gesinnungsgenosse sei und ihn und seine Genossen
vorzugsweise als Christen betrachtete, wird mich zur Wider=
legung nöthigen, und dann wird es offenbar werden, daß
zwischen den Herrn und mir das Verhältniß ziemlich dasselbe
ist wie mit jeder anderen Opposition gegen die jetzige Regirung
Sr. Majestät.

Ich laufe Gefahr, in der That doch ein Buch zu schreiben;
ich habe seit 20 Jahren zu viel unter der Giftmischerei der
Herren von der Kreuzzeitung und den evangelischen Windt=
horsten gelitten, um in Kürze von ihnen reden zu können. Ich
schließe dieses überlange Schreiben mit meinem unterthänigen
und herzlichen Danke für die Gnade und das huldreiche Ver=
trauen, welches Ew. Schreiben mir bekunden.“

Darauf erhielt ich diese Antwort:

„Potsdam, den 14. Januar 1888.

Ew. Durchlaucht Brief habe ich empfangen und spreche
meinen besten Dank aus für die eingehende und ausführliche
Entwickelung der Gesichtspunkte, aus welchen Sie mir von der
Unterstützung der Stadtmission abrathen zu sollen glauben. Ich
darf Ew. Durchlaucht versichern, daß ich mir alle Mühe ge=
geben habe, Ihren Standpunkt auch zu dem meinigen zu
machen. Vor Allem erkenne ich voll und ganz die Nothwen=

digkeit an, mich der nahen Berührung geſchweige der Identi=
ficirung mit beſtimmten politiſchen Parteiſtrömungen fern zu
halten. Dies iſt aber auch von jeher mein Princip, nach dem
ich ſtreng gehandelt und gelebt, geweſen. Ich vermag jedoch
beim beſten Willen mich nicht davon zu überzeugen, daß in der
Förderung, welche ich dem Streben der Stadtmiſſion zuge=
wendet habe, eine politiſche Parteinahme irgend welcher Art
zu erkennen iſt. Dieſelbe war, iſt und ſoll, ſoviel an uns liegt,
auch in alle Zukunft bleiben ein einzig und allein auf das
geiſtige Wohl und Wehe der armen Elemente gerichtetes Liebes=
werk; und ich möchte mich ungeachtet Ihres Briefes nicht von
der Zuverſicht trennen, daß Ew. Durchlaucht ſich ſelbſt bei
nährer Erwägung der Richtigkeit dieſer Annahme nicht ver=
ſchließen werden. Iſt es mir ſonach bei vollſter Würdigung
der von Ew. Durchlaucht mir entgegengehaltenen Gründe un=
möglich, mich von einem Werke zurückzuziehn, von deſſen Wich=
tigkeit für das Allgemeine Wohl ich feſt überzeugt bin, — eine
Ueberzeugung, die mir durch unzählige Zuſchriften und Zu=
ſtimmungsadreſſen aus allen Theilen der Monarchie, beſonders
aus katholiſchen und aus den unteren Arbeiterkreiſen der Be=
völkerung als eine weitverbreitete und wohlbegründete entgegen=
gebracht wird —, ſo bin ich doch weit entfernt davon, nicht mit
Ew. Durchlaucht anerkennen zu wollen, daß es wünſchenswerth
und nothwendig iſt, durch einen ſpontanen Act der irrigen
Vorausſetzung den Boden zu entziehn, als ob es ſich um die
Begünſtigung politiſcher Sonderbeſtrebungen handele. Zu dem
Ende werde ich den Herrn Hofprediger Stöcker dahin beſtim=
men laſſen, daß er ſich von der offiziellen Leitung der Stadt=
miſſion zurückzieht, und daß ſolches in einer angemeſſenen und
für ihn nicht compromittirenden Form in die Oeffentlichkeit
gebracht werde. Vor einer ſolchen Maniſeſtation wird, ſo denk'
ich, jede Verdächtigung meiner Abſichten und Stellung verſtum=
men müſſen — wenn nicht, dann Wehe denen, wenn ich zu

befehlen haben werde! — und Ew. Durchlaucht werden zugleich darin zu erkennen geneigt sein, welch' hohen Werth ich darauf lege, jeden nur den leisesten Schatten einer Meinungsverschiedenheit zwischen uns nach Kräften zu zerstreuen."

(gez.) Wilhelm Prinz v. Preußen.

Die vorstehende Correspondenz rief die erste, vorübergehende Empfindlichkeit des Prinzen mir gegenüber hervor. Er hatte geglaubt, daß ich sein Schreiben mit einer Anerkennung im Stile seiner strebsamen Umgebung beantworten würde, während ich es für meine Pflicht gehalten hatte, in meinem eigenhändigen, vielleicht etwas lehrhaft gehaltenen Schreiben, dessen Umfang meine Arbeitsfähigkeit erheblich überstieg, vor den Bestrebungen zu warnen, durch welche Cliquen und Personen sich der Protection des Thronerben zu versichern suchten. Die Antwort des Prinzen ließ mir nach Form und Inhalt keinen Zweifel darüber, daß der Mangel an Anerkennung der Bestrebungen des Prinzen und meine warnende Kritik verstimmt hatten. In dem Schlusse seiner Antwort lag schon, noch in prinzlicher Form, das, was später in der kaiserlichen Wendung ausgesprochen wurde: Wer mir widerstrebt, „den zerschmettere ich."

Wenn ich jetzt zurückblicke, so nehme ich an, daß der Kaiser während der 21 Monate, da ich sein Kanzler war, seine Neigung, einen ererbten Mentor los zu werden, nur mit Mühe unterdrückt hat, bis sie explodirte, und eine Trennung, die ich, wenn ich den Wunsch des Kaisers gekannt hätte, mit Schonung aller äußeren Eindrücke eingeleitet haben würde, in einer plötzlichen, für mich verletzenden, ich möchte sagen beleidigenden Weise erzwang.

Das Ergebniß war jedoch in sofern meinem Rathschlage entsprechend, als die Betheiligung an dem beabsichtigten christlichen

Werke zunächst auf wenigere und weniger exclusive Kreise beschränkt wurde. Die Thatsache, daß die von mir gemißbilligte
Inscenirung im gräflich Waldersee'schen Hause stattgefunden
hatte, trug dazu bei, diese hervorragende Persönlichkeit in der
prinzlichen Umgebung noch mehr zu verstimmen, als ohnehin
der Fall war. Ich war früher mit ihm von langer Zeit be-
freundet gewesen und hatte ihn in dem französischen Kriege als
Soldaten und politischen Bundesgenossen schätzen gelernt, so daß
mir später der Gedanke nahe trat, ihn dem Kaiser zu militärischen Stellungen politischer Natur zu empfehlen. Bei näheren
dienstlichen Berührungen mit dem Grafen wurde ich über seine
politische Verwendbarkeit zweifelhaft, und als Graf Moltke in
seiner Stellung an der Spitze des Generalstabs eines Adlatus
bedurfte, hatte ich Veranlassung, die Meinung militärischer Kreise
zu erforschen, bevor ich dem Kaiser meine von ihm besohlene
Ansicht unterbreitete. Das Ergebniß war, daß ich die Aufmerksamkeit Sr. Majestät auf den General von Caprivi lenkte, obschon ich wußte, daß dieser nicht eine gleich gute Meinung von
mir hatte, wie ich von ihm. Mein Gedanke, daß Caprivi der
Nachfolger Moltke's werden solle, scheiterte im letzten Grunde,
wie ich glaube, an der Schwierigkeit, zwischen zwei so selbstän-
digen Charakteren, wie die genannten beiden, den modus vivendi
herzustellen, der bei einer dualistischen Leitung des Generalstabs
nöthig war. Diese Aufgabe schien den höchsten Kreisen leichter
lösbar, indem die Stellung eines Adlatus des Grafen Moltke
dem General von Waldersee übertragen wurde: dieser wurde
durch seine neue Stellung dem Monarchen und dessen Nachfolgern auf dem Throu näher gerückt. Auf dem Gebiete nicht-
militärischer Politik wurde in weitern Kreisen sein Name, und
zwar in Verbindung mit dem Hofprediger Stöcker, zuerst bekannt durch die in seinem Hause abgehaltenen Besprechungen
über innere Mission. —

Am Sylvesterabend 1887 fand mein Sohn auf dem Lehrter

Bahnhof, von wo er nach Friedrichsruh fahren wollte, den Prinzen, der auf ihn wartete und ihn ersuchte mir zu sagen, daß die Stöckersache nun ganz harmlos sei; er setzte hinzu, mein Sohn sei wesentlich in dieser Angelegenheit angegriffen, er, der Prinz, sei aber für ihn eingetreten.

Zweites Kapitel.

Großherzog von Baden.

Auf die Entschließungen des Kaisers hat nach meiner auf
Aeußerungen Sr. Majestät begründeten Wahrnehmung der
Großherzog von Baden, der mich in früheren Perioden wohlwollend und wirksam unterstützt hatte, in der letzten Zeit meiner
Amtsführung einen für mich störenden Einfluß gehabt. Früher
als die meisten anderen Bundesfürsten der Ueberzeugung zugänglich, daß die deutsche Frage nur durch Förderung der hege-
monischen Bestrebungen Preußens gelöst werden könne, ist er
der nationalen Politik nach Kräften entgegen gekommen, nicht
mit der Geschäftigkeit des Herzogs von Coburg, aber mit einer
stärkeren Rücksichtsnahme auf die ihm nahe stehende preußische
Dynastie und ohne den wechselnden Verkehr mit dem Kaiser
Napoleon, dem Wiener Hofe und den regirenden Kreisen in
England und Belgien, wie ihn der Herzog unterhielt. Seine
politischen Beziehungen hielten sich in den Schranken, welche
die deutschen Interessen und die Familienverbindung ihm zogen.
Er hatte nicht das Bedürfniß, wirklich oder scheinbar an den
wichtigsten Vorgängen der europäischen Politik betheiligt zu sein,
und war nicht, wie die Coburger Brüder, den Versuchungen
ausgesetzt, welche in dem Glauben an die eigne überlegne Befähigung zur Behandlung politischer Fragen liegen. Aus dem
Grunde hatte auch auf seine Ansichten die Umgebung mehr Einfluß als auf die Coburgische Selbstüberschätzung des Herzogs
Ernst und des Prinzen Albert, welche ihre Wurzeln in dem
Nimbus der Weisheit fand, der den ersten König der Belgier

umgab, weil derselbe seine eignen Interessen geschickt wahr=
nahm.

Es hat Zeiten gegeben, wo der Großherzog unter dem
Druck äußerer Verhältnisse nicht im Stande war, seine Ueber=
zeugung über den Weg, auf dem die deutsche Frage zu lösen
sei, zu bethätigen, Zeiten, die sich an den Namen des Ministers
von Meysenbug und an die Jahreszahl 1866 knüpfen. In
beiden Fällen befand er sich einer force majeure gegenüber. In
der Hauptsache blieb er aber stets geneigt, den besten Antrieben
seines Popularitätsbedürfnisses, den nationalen, Folge zu leisten,
und sein Streben in dieser Richtung hatte nur zu leiden von
einem parallelen Streben nach Anerkennung auf dem bürger=
lichen Gebiete, in der durch Louis Philipp's Beispiel gegebnen
Richtung, auch wo Beides schwer vereinbar war. Daß in der
schwierigen Zeit des Aufenthalts in Versailles, wo ich mich im
Kampfe mit ausländischen, weiblichen und militärischen Ein=
flüssen befand, der Großherzog der einzige unter den deut=
schen Fürsten war, der mir bei dem Könige in der Kaiserfrage
Unterstützung gewährte und mir activ und wirksam in der
Ueberwindung der preußisch=particularistischen Abneigung des
Königs beistand, ist bekannt*). Der Kronprinz war seinem
Vater gegenüber von der gewohnten Zurückhaltung, welche
ihn an wirksamer Geltendmachung seiner nationalen Gesinnung
hinderte.

Das Wohlwollen des Großherzogs ist mir auch nach dem
Frieden Jahrzehnte lang verblieben, wenn ich vorübergehende
Verstimmungen abrechne, die dadurch entstanden, daß die Inter=
essen Badens, wie er selbst oder seine Beamten sie auffaßten,
mit der Reichspolitik in Frictionen geriethen.

---

*) S. Bd. II 119 ff. [= II 146 ff. der Volks=, II 141 ff. der Neuen
Ausgabe.]

Herr von Roggenbach, der zeitweise für den spiritus rector der badischen Politik galt, hatte bei den Friedensverhandlungen von 1866 mir gegenüber einer Verkleinerung Baierns und Vergrößerung Badens das Wort geredet; auf ihn wurde auch das 1881 auftretende Gerücht zurückgeführt, daß Baden Königreich werden solle [1]).

Daß der Großherzog das Gebiet, wenn nicht seines Territoriums, so doch seiner Thätigkeit auszudehnen wünschte, ließ sich später aus den Anregungen einer Herstellung militärischer und politischer Beziehungen zwischen Baden und Elsaß-Lothringen schließen. Ich habe meine Mitwirkung zur Ausführung derartiger Pläne versagt, weil ich mich des Eindrucks nicht erwehren konnte, daß die badischen Verhältnisse für Sanirung der Situation im Elsaß und für Umwandlung der französischen Sympathien in deutsche vielleicht noch ungeeigneter, jedenfalls nicht förderlicher als die jetzige kaiserliche Verwaltung sein würden.

In der badischen Verwaltung hat sich die den süddeutschen Gewohnheiten eigne Art Bürokratie, man könnte sagen Schreiberherrschaft, noch schärfer ausgebildet als in den übrigen süddeutschen Staaten, Nassau eingerechnet. Bürokratische Wucherungen sind auch den norddeutschen Verhältnissen nicht fremd, namentlich in den höheren Kreisen, und werden in Folge der heutigen Handhabung der „Selbstverwaltung“ (lucus a non lucendo) auch in die ländlichen Kreise eindringen; aber bisher waren die Träger bei uns doch vorwiegend Beamte, deren Rechtsgefühl durch ihren Bildungsgrad geschärft wird; in Süddeutschland aber war das Gewicht der Beamtenklasse, welche bei uns zu den Subalternen gehört oder den Uebergang zu denselben bildet, größer, und die Regirungspolitik, welche in Baden schon vor 1848 mehr auf Popularität berechnet war als

---

[1]) S. Anlage I, unten S. 161.

sonst in Deutschland üblich, hat sich gerade in den Tagen
der Bewegung als die erwiesen, welche die geringste Anhänglichkeit gezeitigt hatte und deren Wurzelverbindung mit der
Dynastie die schwächste war. Baden war in dem genannten
Jahre der einzige Staat, in welchem sich das Erlebniß des
Herzogs Karl von Braunschweig wiederholte, indem der Landes-
herr genöthigt wurde, sein Land zu verlassen.

Der regirende Herr war in dem Herkommen aufgewachsen,
daß das Streben nach Popularität und das „Rechnung tragen"
jeder Regung der öffentlichen Meinung gegenüber das Fundament der modernen Regirungskunst sei. Louis Philipp war
eine Art von Vorbild für die äußere Haltung constitutioneller
Monarchen, und da er seine Rolle als solches auf der europäischen Bühne von Paris gespielt hatte, so gewann er für deutsche
Fürsten eine ähnliche Bedeutung wie die Pariser Moden für
deutsche Damen. Daß auch die militärische Seite der staatlichen Leistungen nicht frei von dem System des Bürgerkönigs
geblieben war, zeigte der Abfall der badischen Truppen, der so
schmählich in keinem anderen deutschen Staate bisher vorgekommen ist. In diesen retrospectiven Betrachtungen habe ich
immer Bedenken getragen, dazu mitzuwirken, daß der badischen
Regirungspolitik die Entwicklung der Dinge im Reichslande
übergeben werde.

So national gesinnt der Großherzog, sich selbst überlassen,
sein mochte, so vermochte er doch nicht immer dem auf materiellen Interessen begründeten Particularismus seiner Beamten Widerstand zu leisten, und im Falle eines Conflicts wurde
es ihm natürlich schwer, badische Local-Interessen denen des
Reiches zu opfern.

Ein latenter Conflict lag in der Rivalität der Eisen-
bahnen des Reichslandes mit den badischen, ein zu Tage
tretender in den Beziehungen zu der Schweiz. Den badischen
Beamten war ein Pflegen und Erstarken der deutschen Social-

demokratie auf Schweizer Gebiete weniger unbequem als eine
Schädigung oder Klage der Angehörigen derjenigen zahlreichen
badiſchen Unterthanen, welche in der Schweiz ihren Erwerb
ſuchten. Daß die Reichsregirung in ihrem Verhalten gegen
das Nachbarland keinen andern Zweck verfolgte als die Unterſtützung der conſervativen Elemente in der Schweiz gegen den
Einfluß und den agitatoriſchen Druck der fremden und heimiſchen
Socialdemokratie, darüber konnte auch die badiſche Regirung
keinen Zweifel haben. Sie war davon unterrichtet, daß wir
mit den achtbarſten Schweizern in einem unausgeſprochenen
aber gegenſeitig befolgten Einverſtändniſſe handelten, welches
dank der Unterſtützung, die wir unſern Freunden gewährten,
praktiſch zu dem Ergebniſſe führte, daß die politiſche Central-
gewalt der Schweiz eine feſtere Stellung und ſchärfere Controlle als früher über die deutſchen Socialiſten und die Cantönli-
Politik der Demokratie gewann.

Ob Herr von Marſchall dieſe Sachlage durch ſeine Berichte
nach Karlsruhe klar zum Ausdruck gebracht hat, weiß ich nicht;
ich erinnere mich nicht, daß er in den ſieben Jahren, während
deren er badiſcher Geſandter war, jemals eine Unterredung mit
mir geſucht oder gehabt hätte. Aber durch ſeine Intimität mit
meinem Collegen Boetticher und durch ſeine Beziehungen zu
Mitarbeitern des Auswärtigen Amts iſt er jedenfalls für ſeine
Perſon vollſtändig unterrichtet geweſen. Man ſagte mir, daß
er ſchon ſeit längerer Zeit die Sympathien des Großherzogs
zu gewinnen und Antipathie gegen die Perſonen, welche ihm
die Ausſicht nach oben hinderten, zu erzeugen geſucht hat. Ich
erinnere mich in Bezug auf ihn eines Wortes des Grafen
Harry Arnim aus der Zeit, wo dieſer mit mir noch offen
redete *).

Auch der Grenzverkehr mit Frankreich iſt von dem badiſchen

---

*) S. Bd. II 162. [= II 189 der Volks-, II 186 der Neuen Ausgabe.]

Standpunkte anders zu beurtheilen und zu behandeln als ge=
mäß der Reichspolitik. Die Anzahl der badischen Staatsan=
gehörigen, welche in der Schweiz und im Elsaß als Arbeiter,
Handlungsgehülfen und Kellner Beschäftigung finden und über
den Elsaß hinaus an einer ungestörten Verbindung mit Lyon
und Paris interessirt sind, ist ziemlich groß, und von den groß=
herzoglichen Beamten war kaum zu verlangen, daß sie ihre
Verwaltungssorgen einer Reichspolitik unterordnen sollten, deren
politische Ziele dem Reiche zu Gute, deren locale Nachtheile aber
Baden zur Last kamen.

Aus solchen Frictionen entspannen sich Preßkämpfe zwischen
offiziösen, selbst amtlichen badischen Organen und der „Nord=
deutschen Allgemeinen Zeitung".

In der Tonart waren beide Seiten nicht tadelfrei. Der
staatsanwaltliche Zuschnitt der badischen Polemik war eben=
so weit außerhalb der gewöhnlichen Höflichkeit wie der Stil
der genannten Berliner Zeitung, welche ich von der Schärfe
der Diction, die meinem damaligen Freunde, Herrn von Rot=
tenburg, dem Chef der Reichskanzlei, als rechtskundigem Ge=
lehrten anklebte, nicht frei halten konnte, da ich nicht immer
Zeit hatte, mich mit publicistischen Redactionen auch nur con=
trollirend zu beschäftigen.

Mir ist erinnerlich, daß mich 1885 ein Befehl des Kron=
prinzen eines Abends spät plötzlich nach dem Niederländischen
Palais beschied, wo ich den hohen Herrn und den Großherzog
vorfand, letzteren in ungnädiger Verstimmung über einen
Artikel der „Norddeutschen Allgemeinen Zeitung" in einer
Polemik mit dem offiziösen badischen Blatte. Ich erinnere
mich des Gegenstandes, um den es sich handelte, nicht mehr
vollständig, weiß auch nicht, ob der betreffende Artikel des
Berliner Blattes offiziösen Ursprungs war. Er konnte das
sein, ohne vor dem Druck zu meiner Kenntniß gekommen

zu sein; die Anlässe, bei denen ich Neigung und Zeit fand, auf die Herstellung von Preßerzeugnissen einzuwirken, waren viel seltner, als in der Presse und daher im Publikum angenommen wurde. Ich that das nur solchen Fragen oder persönlichen Angriffen gegenüber, welche für mich ein besonderes Interesse hatten, und es vergingen, selbst wenn ich in Berlin war, Wochen und Monate, ohne daß ich Zeit oder Neigung gefunden hätte, die Artikel, für welche man mich verantwortlich hielt, zu lesen, geschweige denn zu schreiben oder schreiben zu lassen. Der Großherzog machte es aber wie alle Welt, betrachtete mich als verantwortlich für die Aeußerung der genannten Zeitung in der ihm ärgerlichen Sache.

Eigenthümlich war die Art, wie er gegen diese Preßleistung reagirte. Der Kaiser war damals bedenklich erkrankt und die Großherzogin gekommen, ihn zu pflegen. Unter diesen Umständen hatte der Großherzog von dem fraglichen Artikel Anlaß genommen, seinem Herrn Schwager, dem Kronprinzen, zu erkennen zu geben, er werde in Folge sothaner Kränkung Berlin mit seiner Gemahlin sofort verlassen und das Motiv seiner Abreise nicht verhehlen. Nun war zwar die Pflege, welche der Kaiser von seiner Frau Tochter genoß, dem Patienten kein Bedürfniß, sondern eine Kundgebung kindlicher Liebe, welche er mit ritterlicher Höflichkeit über sich ergehen ließ. Aber gerade diese seine Eigenschaft war in den Beziehungen zu Frau und Tochter vorherrschend in ihm, und jede Verstimmung innerhalb dieses engen Familienkreises wirkte betrübend und niederschlagend auf ihn.

Ich war daher bemüht, dem kranken Herrn Erlebnisse der Art nach Kräften zu ersparen, und that, ich weiß heute nicht mehr was, aber jedenfalls alles was möglich war, um in einer mehr als zweistündigen Verhandlung mit lebhafter und wirksamer Hülfe des Kronprinzen seinen Herrn Schwager zu beruhigen. Wahrscheinlich bestand die Sühne außer meinem

Protest gegen jede Voraussetzung amtlichen Uebelwollens in der Veröffentlichung eines neuen und einlenkenden Artikels in der „Norddeutschen Allgemeinen Zeitung". Erinnerlich ist mir, daß es sich um die Beurtheilung irgend einer Maßregel des badischen Staatsministeriums handelte und daß die Empfindlichkeit des Großherzogs mich vermuthen ließ, daß derselbe sich in dem fraglichen Falle an den Staatsgeschäften persönlich eingreifender betheiligt hatte, als er es sonst mit der Beobachtung constitutioneller Maxime vereinbar hielt.

Aus Berliner und Karlsruher Hofkreisen ist es mir als Veranlassung zu dem Wechsel, der in der Stimmung des Großherzogs während der letzten Zeit meiner amtlichen Thätigkeit vorgegangen zu sein scheint, bezeichnet worden, daß ich bei Anwesenheiten desselben in Berlin im Drange der Geschäfte ihm und seiner Gemahlin gegenüber den im Hofleben üblichen Verkehr nicht ausreichend gepflegt habe. Ich weiß nicht, ob das richtig ist, und es entzieht sich meiner Beurtheilung, in wieweit badische Hofintriguen gewirkt haben, als deren Mundstück mir außer Roggenbach der Hofmarschall von Gemmingen bezeichnet worden ist, mit dessen Tochter der Freiherr von Marschall verheirathet ist. Es ist möglich, daß der letztere, badischer Staatsanwalt, demnächst Vertreter Badens im Bundesrathe, mit dem Vorsitz im Auswärtigen Amte des Deutschen Reiches seine Laufbahn nicht für abgeschlossen hält; und Thatsache ist, daß zwischen ihm und Herrn von Boetticher sich in den letzten Zeiten meiner Amtsführung eine Intimität entwickelt hatte, der ein gemeinsames weibliches Interesse für Rangfragen zum Grunde lag.

Wenn auch unter der wiederkehrenden Verstimmung das Wohlwollen des Großherzogs für mich allmählich erkaltet ist, so glaube ich doch nicht, daß er mit Bewußtsein auf meine Entfernung aus dem Amte hingearbeitet hat. Seine Einwirkung

auf den Kaiser, die ich als störend für meine Politik bezeichnet
habe, machte sich geltend in den Fragen, welche Haltung der
Kaiser gegenüber den Arbeitern und in Betreff des Socialisten=
gesetzes beobachte werde. Es ist mir glaubhaft mitgetheilt
worden, daß der Kaiser im Winter 1890, bevor er den plötz=
lichen Uebergang von der Absicht, den Widerstand zu leisten, den
ich empfohlen, zum Nachgeben machte, den Großherzog zu Rathe
gezogen, und daß dieser im Sinne der badischen Traditionen
das Gewinnen statt des Bekämpfens der Gegner befürwortet
habe, aber überrascht und unzufrieden gewesen sei, als der
Wechsel in den Absichten Sr. Majestät meine Entlassung herbei=
führte.

Sein Rath würde auch nicht durchgeschlagen haben, wenn
nicht bei Sr. Majestät die Neigung vorhanden gewesen wäre,
zu verhindern, daß die richtige Würdigung der eignen mon=
archischen Leistungen ferner durch die Zweifel beeinträchtigt
werden könnte, ob die Allerhöchsten Entschließungen kaiserlichen
oder kanzlerischen Ursprungs seien. Der „neue Herr“ hatte
das Bedürfniß, nicht nur von einem Mentor frei zu werden,
sondern auch für Gegenwart und Zukunft die Verdunklung nicht
zuzulassen, welche eine kanzlerische Wolke etwa wie die Richelieu's
und Mazarin's entwickeln würde. Einen nachhaltigen Ein=
druck hatte auf ihn eine gelegentlich von dem Grafen Waldersee
beim Frühstück in Gegenwart des Flügeladjutanten Adolf von
Bülow mit Berechnung gethane Aeußerung gemacht: „daß
Friedrich der Große nie der Große geworden sein würde,
wenn er bei seinem Regirungsantritt einen Minister von der
Bedeutung und Machtstellung Bismarck's vorgefunden und be=
halten hätte“.

Nach meiner Verabschiedung hat der Großherzog Partei
gegen mich genommen. Als im Februar 1891 in der Gemeinde=
behörde von Baden=Baden angeregt worden war, mir das
Ehrenbürgerrecht zu ertheilen, ließ er den Oberbürgermeister

kommen und stellte ihn über eine solche Rücksichtslosigkeit gegen
den Kaiser zur Rede.   Wenig später hat er bei einer Unterredung mit dem in Baden-Baden lebenden Schriftsteller Maxime
du Camp, der das Gespräch auf mich brachte, diesem das
Wort mit der Bemerkung abgeschnitten: „Il n'est qu'un vieux
radoteur.“

Drittes Kapitel

Boetticher.

Der Kaiser Wilhelm II. hat nicht das Bedürfniß, Mitarbeiter mit eignen Ansichten zu haben, welche ihm in dem betreffenden Fache mit der Autorität der Sachkunde und Erfahrung
entgegentreten könnten. Das Wort „Erfahrung" in meinem
Munde verstimmte ihn und rief gelegentlich die Aeußerung hervor: „Erfahrung? Ja, die allerdings habe ich nicht." Um
seinen Ministern sachkundige Anregungen zu geben, zog er deren
Untergebne an sich und ließ sich von diesen oder von Privat-
leuten die Informationen beschaffen, auf Grund deren eine
kaiserliche Initiative den Ressortministern gegenüber genommen
werden konnte. Außer Hinzpeter und Andern war mir gegenüber dazu in erster Linie Herr von Boetticher brauchbar.

Ich hatte seinen Vater gekannt, 1851 mit ihm in Frankfurt
am Bunde functionirt, und fand Gefallen an der äußerlich
angenehmen Erscheinung des Sohnes, der begabter als der Vater
ist, diesem aber an Festigkeit und Ehrlichkeit nachsteht. Ich habe
die Carrière des Sohnes durch meinen Einfluß bei dem Kaiser
Wilhelm I. ziemlich schnell gefördert; er wurde auf meinen
Antrag Oberpräsident in Schleswig, Staatssecretär, Staatsminister, lediglich durch mich, aber Minister immer nur in dem
Sinne eines Amanuensis für mich, eines aide oder adjoint, wie
man in Petersburg sagt, der nach dem Willen des Kaisers nur
meine Politik im Staatsministerium und im Bundesrathe zu
vertreten hatte, namentlich wenn ich durch Abwesenheit verhindert
war. Er hatte kein andres Ressort als die Aufgabe, mich zu
unterstützen. Es war dies eine Stellung, die zuerst der Minister

Delbrück auf meinen Antrag erhielt und die ausschließlich zu
meiner Vertretung und Erleichterung von Sr. Majestät ge=
schaffen wurde. Delbrück war Präsident des Bundes=, späteren
Reichs=Kanzleramts, also staatsrechtlich der höchste vortragende
Ministerialbeamte des Reichskanzlers gewesen und dann zum
Minister ernannt worden, um im Staatsministerium den Reichs=
kanzler zu unterstützen und bei dessen Abwesenheit zu vertreten.
Delbrück hatte in pflichttreuer Weise, auch wenn seine Ansicht
in bestimmten Fragen von der meinigen abwich, doch die meinige
vertreten und zog sich zurück, als diese Vertretung mit seiner
Ueberzeugung in einen so scharfen Widerspruch trat, daß er
nicht glaubte über denselben hinwegsehn zu dürfen. Auf seine
eigne Empfehlung folgte ihm der frühere hessische Minister von
Hofmann, welcher für fügsam galt und keine politische Ver=
gangenheit zu schonen hatte. Derselbe übernahm daneben die
Leitung des in dem Umfange seiner Aufgaben erheblich ein=
geschränkten, unter dem Namen „Handelsministerium" ab=
gezweigten Ressorts. Er nahm an, daß er außer der Pflege
des deutschen Handels noch besondre Pflichten und Rechte für
den preußischen Handel auf dem Gebiete der Gesetzgebung habe,
und mißbrauchte die Unabhängigkeit, welche ihm diese von ihm
selbst gewünschte Stellung gewährte, um ohne mein Wissen
Gesetzentwürfe für Reichsangelegenheiten vorzubereiten, welche
meine Zustimmung nicht fanden, namentlich solche, die meiner
Ansicht nach die Grenze des Arbeiterschutzes überschritten und
das Gebiet des Arbeiterzwanges in Gestalt der Beschränkung
der persönlichen Unabhängigkeit und der Autorität des Arbeiters
und des Familienvaters betrafen und von denen ich auf die
Dauer keine günstige Wirkung erwarte. Da mehrfache Er=
innerungen gegen diese mir Opposition machenden Vor=
lagen, die Arbeiten betriebsamer, dem Minister auf diesem
Gebiete überlegner Räthe des Handelsministeriums, erfolg=
los blieben, so bewog ich den Feldmarschall von Manteuffel,

Herrn von Hofmann als Minister in dem Reichslande zu über=
nehmen.

Ich bat alsdann den Kaiser, Herrn von Boetticher zum Nach=
folger Hofmann's zu ernennen, und durfte mir von diesem im
Verkehr mit den Parlamenten geschickten Beamten die Unter=
stützung versprechen, zu deren Leistung dieser Ministerposten ohne
Ressort in der Form eines adlatus des Kanzlers und Minister=
präsidenten ausschließlich geschaffen war.　Herr von Boetticher
war im Reichsdienste mein Untergebner als Staatssecretär
des Innern, im preußischen Dienste mein amtlicher Beistand,
berufen, mich bei Vertretung meiner Ansichten zu unterstützen,
nicht aber eigne unabhängig geltend zu machen.　Er hat diese
Aufgabe Jahre lang bereitwillig und mit Geschick erfüllt, eigne
Ansichten mir gegenüber nur mit großer Zurückhaltung und,
wie ich vermuthe, nur auf parlamentarische und anderweitige
Justigation vertreten.　Eine definitive Aussprache meiner Ansicht
genügte stets zur schließlichen Erlangung seiner Zustimmung und
Mitwirkung.　Er besitzt hohe Begabung für einen Unterstaats=
secretär, ist ein vorzüglicher parlamentarischer debater, geschickter
Unterhändler und hat die Fähigkeit, geistige Werthe von höherem
Betrage in Kleingeld unter die Leute zu bringen und durch die
ihm geläufige Form gutmüthiger Biederkeit Einfluß dafür zu
üben.　Daß er niemals fest genug in seinen Ansichten war, um
sie dem Reichstage, geschweige denn dem Kaiser gegenüber mit
Beharrlichkeit zu vertreten, war für den ihm angewiesenen
Wirkungskreis nicht gerade ein wesentlicher Mangel; und wenn
er für Rang= und Ordensfragen eine krankhafte Empfindlichkeit
hatte, die bei getäuschter Erwartung in Thränen ausbrach, so
war ich mit Erfolg bemüht, dieselbe zu schonen und zu befriedigen.
Mein Vertrauen zu ihm war so groß, daß ich ihn nach dem
Abgange des Herrn von Puttkamer zu dessen Nachfolger als
Vicepräsidenten des Staatsministeriums empfahl.　Auch in dieser
Stellung blieb er mein, des Präsidenten, Vertreter.　Ein Dualis=

mus findet in dem Ministerpräsidium nicht Statt. Ich hatte mich
gewöhnt, ihn als einen persönlichen Freund zu betrachten, der
seinerseits durch unsere Beziehungen vollständig befriedigt wäre.
Auf eine Enttäuschung war ich um so weniger gefaßt, als ich
im Stande gewesen war, ihm in seinen durch die Schulden und
die Vergehn seines Schwiegervaters, eines Bankdirectors in
Stralsund, bedenklich gefährdeten Familieninteressen wesentliche
Dienste zu leisten.

Den Zeitpunkt, zu welchem er den Versuchungen des Kaisers,
mit diesem ohne mein Wissen nähere Fühlung als mit mir zu
nehmen, zuerst erlegen ist, kann ich nicht genau bestimmen. Die
Möglichkeit, daß er mir gegenüber unaufrichtig verfahren könne,
lag meinen Gedanken so fern, daß ich sie erst geprüft habe, als
er im Jahre 1890 im Kronrathe, im Ministerium und im Dienste
mir offen opponirte, Partei nehmend für kaiserliche Anregungen,
über welche ihm meine principiell entgegengesetzte Ansicht be=
kannt war. Mittheilungen, die mir später zugegangen sind,
und der Rückblick auf Vorgänge, denen ich gleichzeitig wenig
Beachtung geschenkt hatte, haben mich nachträglich überzeugt, daß
Herr von Boetticher schon seit längerer Zeit den persönlichen
Verkehr mit dem Kaiser, in welchen ihn meine Vertretung
brachte, sowie seine Beziehungen zu dem badischen Gesandten
Herrn von Marschall und durch dessen Schwiegervater Gem=
mingen zu dem Großherzoge von Baden dazu benutzt hatte, um
sich auf meine Kosten nähere Beziehungen zu Sr. Majestät zu
schaffen und sich in diejenigen Lücken einzunisten, welche zwischen
den Auffassungen des jugendlichen Kaisers und der greisenhaften
Vorsicht seines Kanzlers bestanden. Die Versuchung, in welcher
sich Herr von Boetticher befand, den Reiz der Neuheit, welchen
die monarchischen Aufgaben für den Kaiser hatten, und meine
vertrauensvolle Müdigkeit in Geschäften zum Nachtheile meiner
Stellung auszubeuten, wurde, wie ich höre, durch weibliches
Rangstreben und in Baden durch gelangweiltes Einflußbedürfniß

geſteigert. Offiziöſe Artikel, welche ich den wohlunterrichteten
Federn meiner früheren Mitarbeiter zuſchreibe, hoben als einen
Anſpruch Boetticher's auf meine Dankbarkeit hervor, daß der=
ſelbe im Januar und Februar 1890 bemüht geweſen ſei, zwiſchen
dem Kaiſer und mir zu vermitteln und mich für die kaiſerlichen
Anſichten zu gewinnen. In dieſer, wie ich glaube, inſpirirten
Darſtellung liegt das volle Eingeſtändniß der Fälſchung der
Situation. Die Amtspflicht des Herrn von Boetticher war
nicht, an der Unterwerfung eines erfahrenen Kanzlers unter
den Willen eines jugendlichen Kaiſers zu arbeiten, ſondern den
Kanzler in ſeiner verantwortlichen Aufgabe bei dem Kaiſer zu
unterſtützen. Hätte er ſich an dieſe ſeine amtliche Aufgabe ge=
halten, ſo würde er auch innerhalb der Grenzen ſeiner natür=
lichen Befähigung geblieben ſein, auf Grund deren er in ſeine
Stellung berufen war. Seine Beziehungen zum Kaiſer waren
in meiner Abweſenheit intimer geworden als die meinigen, ſo
daß er ſich ſtark genug fühlte, meine, ſeines Vorgeſetzten, amtliche
und ſchriftliche Weiſungen im Bewußtſein ſeines höheren Rück=
halts unausgeführt zu laſſen.

Daß er es nicht bloß auf die Gunſt des Kaiſers, ſondern
auch auf meine Beſeitigung und ſeine Nachfolge in dem Miniſter=
präſidium abgeſehn hatte, ſchließe ich aus einer Reihe von
Umſtänden, deren einige erſt ſpäter zu meiner Kenntniß ge=
kommen ſind. Im Januar 1890 hat er dem Kaiſer, und im
Hauſe des Freiherrn von Bodenhauſen geſagt, ich ſei ſo wie ſo
feſt entſchloſſen abzugehen, und um dieſelbe Zeit ſagte er mir,
der Kaiſer unterhandle ſchon mit meinem Nachfolger.

In den erſten Tagen des genannten Monats hatte er mich
zum letzten Mal behufs Beſprechung geſchäftlicher Fragen in
Friedrichsruh beſucht. Wie ich ſpäter erfahren, hat er ſchon
vorher dem Kaiſer die Inſinuation gemacht, ich ſei durch über=
mäßigen Morphiumgebrauch geſchäftsunfähig geworden. Ob
dieſe Andeutung dem Kaiſer direct durch Boetticher oder durch

Vermittlung des Großherzogs von Baden gemacht worden ist,
habe ich nicht feststellen können; jedenfalls hat Se. Majestät
meinen Sohn Herbert über diese Thatsache befragt und ist von
diesem an den Professor Schweninger verwiesen worden, von
welchem der Kaiser erfuhr, daß die Andeutung aus der Luft
gegriffen sei. Leider hat die Lebhaftigkeit des Professors ver=
hindert, die Unterhaltung bis zur vollständigen Aufklärung des
Ursprungs der Verleumdung durchzuführen. Den Anlaß zu
dieser kaiserlichen Ermittlung kann nur Herr von Boetticher
aus Friedrichsruh gebracht haben, da andre persönliche Ver=
bindungen zu jener Zeit nicht Statt gefunden haben.

Schon bei jenem Besuche im Januar hatte er bei mir die
Concessionen befürwortet, welche nachher das Thema zu den
Variationen in den Kaiserlichen Erlassen vom 4. Februar bil=
deten.

Ich hatte denselben widersprochen, einmal weil ich nicht für
nützlich hielt, daß dem Arbeiter gesetzlich verboten werde, zu
bestimmten Zeiten und Gelegenheiten über seine und seiner
Familienglieder Arbeitskräfte zu verfügen, dann aber auch, weil
ich neue, die Zukunft der Arbeiter und der Arbeitgeber treffende
Belastungen der Industrie scheute, solange ihre praktischen Con=
sequenzen nicht mehr als bisher klargestellt wären. Außerdem
schien mir nach den Vorgängen der Bergwerkstreiks von 1889,
daß zunächst nicht der Weg der Concessionen, sondern der der
Vertheidigung gegen socialdemokratische Ueberwucherungen zu
betreten sei. Ich hatte vor und nach Weihnachten die Absicht,
mich an den Verhandlungen über das Socialistengesetz zu be=
theiligen und den Satz zu vertreten, daß die Socialdemokratie
in höherem Grade wie gegenwärtig das Ausland eine Kriegs=
gefahr für Monarchie und Staat involvire und als innere
Kriegs= und Macht=, nicht als Rechtsfrage von staatlicher Seite
angesehn werden müsse. Diese meine Auffassung war Herrn
von Boetticher bekannt und durch ihn ohne Zweifel auch dem

Kaiſer, und ich ſuche in dieſer Kenntniß der Situation den
Grund, aus welchem Se. Majeſtät meine Anweſenheit in Berlin
nicht wünſchte und mir den Ausdruck dieſes Wunſches direct
und indirect wiederholt zugehen ließ in Faſſungen, die für mich
den Charakter einer Allerhöchſten Weiſung hatten. Eine ſchärfere
Poſition, von mir als Kanzler öffentlich genommen, hätte dem
Kaiſer die entgegenkommende Haltung den Socialdemokraten
gegenüber erſchwert, für die er damals ſchon durch den Großherzog von Baden, Boetticher, Hinzpeter, Berlepſch, Heyden,
Douglas gewonnen war und die in dem Kronrath vom 24. Januar ihren durch Herrn von Boetticher verleſenen, mich und andere
Miniſter überraſchenden Ausdruck fand. Wenn ſich der Plan ver-
wirklicht hätte, für den der Kaiſer im Februar geſtimmt war,
den Se. Majeſtät aber, wie ich glaube unter badiſchem Einfluß,
nach einigen Tagen wieder aufgab, der Plan, daß ich unter
Rücktritt aus allen preußiſchen Aemtern Reichskanzler bliebe,
ſo konnte Herr von Boetticher ſich Hoffnung machen, preußiſcher
Miniſterpräſident zu werden, da er die Geſchäfte als Vicepräſi-
dent in der Hand hatte. Damit wären er und ſeine Gemahlin
in die erſte Rangſtufe, die ſogenannte Feldmarſchallsklaſſe auf-
gerückt. Ich würde ihn freilich nicht zu dieſer Stellung empfohlen haben. Ich fürchtete, daß aus den Vorgängen von 1889
und der ermuthigenden Stimmung des Kaiſers Unruhen folgen
würden, und mit Rückſicht auf die liberalen Sympathien der
Miniſter des Innern und des Krieges (Polizei und Militär)
und die Apathie des Juſtizminiſters (Staatsanwälte) empfahl
ich das Präſidium wenigſtens in militäriſche Hände zu legen.

Die Thatſache, daß Boetticher bei meinem Wiedereintritt in
die miniſteriellen Discuſſionen in allen Fragen, in welchen ihm
die Abweichung meiner Anſichten von den ihm früher als mir
mitgetheilten kaiſerlichen bekannt war, als Advokat des kaiſerlichen Willens mich in Gegenwart Sr. Majeſtät und in dem
Staatsminiſterium bekämpfte, war für meine politiſche, ich möchte

sagen geschichtliche Auffassung ein erfreuliches Symptom der
Stärke, zu welcher die königliche Macht seit 1862 wieder ge=
diehen war.   Der Minister, welcher auf meine Bitte mir zum
Beistande ernannt war, übernahm die Führung der Opposition
im Ministerium gegen mich, sobald er glauben konnte, sich in
der kaiserlichen Gunst dadurch zu befestigen, und führte meinen
sachlichen Bedenken gegenüber ausschließlich die Replik ins Feld,
wir hätten die kaiserlichen Wünsche zu erfüllen, wir müßten
etwas zu Stande bringen, um Se. Majestät zu befriedigen.

Viertes Kapitel

Herrfurth.

Bei seiner Thronbesteigung war der Kaiser entschlossen, den von seinem Vater auf dem Todbette entlassenen Minister des Innern von Puttkamer wieder in sein Amt zu berufen; nur des Decorums wegen sollte die Wiederanstellung nicht zu schnell auf die Entlassung, und den Tod des Kaisers Friedrich, folgen. In seinem Auftrage wurde von mir Herrn Herrfurth das Ministerium des Innern unter der Bedingung angeboten, daß er dasselbe gegen ein Oberpräsidium, womöglich Coblenz, vertauschen sollte, sobald der Kaiser den Zeitpunkt für gekommen halten würde, Herrn von Puttkamer wieder zu berufen. Herrfurth erklärte sich dazu bereit mit dem Bemerken, daß er die Politik Puttkamer's in der Zwischenzeit genau fortführen werde. Nachdem er auf diese Weise am 2. Juli 1888 interimistischer Minister geworden war, hatte er an das Reformbedürfniß Sr. Majestät das Bestreben angeknüpft, aus dem Interimisticum ein Definitivum zu machen. Ich war überrascht, von dem Kaiser, als ich ihm vortrug, daß die Zeit zur Wiederanstellung Puttkamers gekommen schiene, die Antwort zu erhalten, er habe sich nun schon an „Rübezahl" gewöhnt und wolle ihn behalten.

Wodurch hatte nun Rübezahl die frühere Antipathie so überwunden, daß er Herrn von Puttkamer vorgezogen wurde, dessen restitutio in integrum der Kaiser bedungen hatte? Ich darf annehmen, daß die Aussicht, auf dem Gebiete der Landgemeindeordnung ein dringendes Bedürfniß unter Zustimmung aller Interessenten zu befriedigen und eine allgemein empfun-

dene Bedrückung durch Reste feudaler Einrichtungen zu beseitigen, die Unterlage der kaiserlichen Gunst war.

Herrfurth hatte mir schon vor seinem Eintritte in das
Ministerium von der Absicht einer Reform der Landgemeindeordnung in den alten Provinzen gesprochen, und ich hatte ihn
dringend gebeten, diese Frage ruhn zu lassen: die Landbevöl-
kerung der alten Provinzen lebe in tiefem Frieden mit einander, Niemand fühle ein Bedürfniß der Aenderung mit Ausnahme etwa der Dörfer, welche Stadtcharakter angenommen
hätten, meistens Vororte großer Städte; die große Masse
der ländlichen Bevölkerung lebe in der jetzigen bäuerlichen
Dorfverfassung in Ruhe und Frieden, und auch zwischen Guts-
und Dorfgemeinden herrsche nicht nur Eintracht, sondern auch
auf beiden Seiten Abneigung gegen Aenderungen. Ich bat
dringend, die bestehende Eintracht auf dem Lande nicht durch
Hineinwerfen von theoretischen Zankäpfeln zu stören, durch Anregung unlösbarer Principienfragen Kämpfe hervor zu rufen,
zu denen bisher kein sachlicher Anlaß gewesen.

Herrfurth entgegnete, daß allerdings Anlaß vorhanden sei
in der Existenz von „Zwerggemeinden", die außer Stande seien,
ihre Pflichten als Gemeinden zu erfüllen. Ich bestritt, daß damit das Bedürfniß zu einer grundstürzenden Umwälzung be-
wiesen sei, die an das Jahr 1848 mit seiner Verfassungs-
macherei und Neuregulirung aller Lebensverhältnisse erinnerte.

Nach dieser Auseinandersetzung mit meinem Collegen und
nach vertraulichen Besprechungen der Frage, die im Winter
1888—1889 Statt gefunden hatten, war ich überrascht, als ich den
Besuch einer Deputation von Schönhauser Bauern erhielt, welche
mir von dem Landrathe erhaltene lithographirte Fragebogen
vorlegten, aus denen die Absicht der Regirung zu entnehmen
war, die Zustände unsrer Landgemeinden principiell neu zu gestalten. Zu ihrer lebhaften Befriedigung konnte ich ihnen sagen,
daß ich, solange ich Minister sei, solchen Plänen nicht zustim-

men würde und auch nicht glaubte, daß dieselben Aussicht auf die Genehmigung Sr. Majestät haben würden. Durch Erkundigung in anderen Provinzen erfuhr ich, daß auch dort durch Metallogramme der Behörden dieselben vorbereitenden Ermittlungen bei den Bauergemeinden Statt gefunden hatten.

Als ich Herrfurth sagte, ich hätte nach unsren Besprechungen nicht glauben können, daß er mit seinem Reformplane unbeirrt und ohne Einverständniß des Staatsministeriums vorgehen würde, erhielt ich abschwächende und ausweichende Antworten der Art, daß schon damals der Verdacht in mir aufstieg, mein Collège habe sich hinter meinem Rücken des kaiserlichen Einverständnisses mit seinen Bestrebungen versichert, und daß die Aussicht auf eine große Wirkung der bezeichneten Reform ihm das Mittel gewesen sei, die Gunst des Kaisers zu gewinnen und die definitive Ministerstellung zu erreichen. Wenn er nicht schon damals kaiserlicher Rückendeckung sich bewußt gewesen wäre, so wäre er schwerlich gegen meine und des Staatsministeriums ihm bekannte Ueberzeugung soweit vorgegangen, wie ich durch meine Erkundigung erfuhr.*)

---

*) Die Landgemeindeordnung wurde am 24. April 1891 von dem Abgeordnetenhause mit 327 gegen 23 Stimmen angenommen und Herrfurth darüber durch ein Telegramm des Kaisers aus Eisenach beglückwünscht. Das Herrenhaus gab einem Paragraphen eine andere Fassung, die am 1. Juni von dem Abgeordnetenhause mit 206 Stimmen gegen 99 conservative angenommen wurde.

Fünftes Kapitel

Der Kronrath vom 24. Januar.

Wann der Gedanke, mich zu beseitigen, in dem Kaiser ent=
standen, wann zum Entschlusse gereift ist, kann ich nicht wissen.
Der Gedanke, daß er den Ruhm seiner dereinstigen Regirung
mit mir nicht theilen werde, war ihm schon als Prinzen nahe
gebracht und eingängig geworden. Es war natürlich, daß an
den künftigen Thronerben, solange derselbe in der zugänglichen
Stellung eines jungen Offiziers war, sich Streber nestelten, die
man ihrer Zeit mit einem Berolinismus als „Militär= und
Civilschuster" bezeichnete. Je näher die Wahrscheinlichkeit rückte,
daß der Prinz bald nach seines Großvaters Tode zur Regirung
kommen werde, desto lebhafter wurden die Bestrebungen, den
zukünftigen Kaiser für persönliche und Parteizwecke zu gewinnen.
Gegen mich ist schon vorher die von Graf Waldersee angebrachte,
wohlberechnete Phrase dabei ausgenutzt worden: wenn Friedrich
der Große einen solchen Kanzler gehabt hätte, so wäre er nicht
der Große geworden.

Die Verstimmung, welche durch die Stöcker'sche Sache in
den brieflichen Verkehr des Prinzen Wilhelm mit mir gekommen
war (Brief desselben vom 14. Januar 1888) verzog sich wieder,
wenigstens äußerlich. Auf dem Diner, welches ich am 1. April
1888 gab, brachte der inzwischen Thronfolger gewordne Prinz
einen Toast auf mich aus, in welchem er nach dem von der
„Norddeutschen Allgemeinen Zeitung" als authentisch gegebenen
Texte sagte:

„Um mich eines militärischen Bildes zu bedienen, so sehe
ich unsere jetzige Lage an wie ein Regiment, das zum Sturm

schreitet. Der Regimentscommandeur ist gefallen, der nächste
im Commando reitet, obwohl schwer getroffen, noch kühn voran.
Da richten sich die Blicke auf die Fahne, die der Träger hoch
emporschwenkt. So halten Ew. Durchlaucht das Reichspanier
empor. Möge es, das ist unser innigster Herzenswunsch, Ihnen
noch lange vergönnt sein, in Gemeinschaft mit unserem geliebten
und verehrten Kaiser das Reichsbanner hochzuhalten. Gott segne
und schütze denselben und Ew. Durchlaucht!"

Am 1. Januar 1889 erhielt ich folgendes Schreiben:

„Lieber Fürst! Das Jahr, welches uns so schwere Heim-
suchungen und unersetzliche Verluste gebracht hat, geht zu Ende.
Mit Freude und Trost zugleich erfüllt Mich der Gedanke, daß
Sie Mir treu zur Seite stehen und mit frischer Kraft in das
neue Jahr eintreten. Von ganzem Herzen erflehe Ich für Sie
Glück, Segen und vor allem andauernde Gesundheit und hoffe
zu Gott, daß es Mir noch recht lange vergönnt sein möge, mit
Ihnen zusammen für die Wohlfahrt und Größe unseres Vaterlandes zu wirken.

Wilhelm. I. R."

Bis zum Herbst waren keine Symptome einer Sinnesände-
rung bemerkbar; aber im October bei der Anwesenheit des
Kaisers von Rußland war Se. Majestät überrascht darüber,
daß ich den beabsichtigten zweiten Besuch in Rußland wider-
rieth, und gab durch sein Verhalten gegen mich eine Verstimmung zu erkennen. Der Vorgang wird seinen rechten Platz
in einem späteren Abschnitt finden*). Einige Tage später trat
der Kaiser die Reise nach Constantinopel an, von welcher er
aus Messina, Athen und den Dardanellen freundliche Telegramme
über seine Eindrücke an mich sandte. Jedoch ist es später zu
meiner Kenntniß gekommen, daß er im Auslande „zuviel von

---

*) Vergl. S. 144.

dem Kanzler" hatte sprechen hören. Eine etwaige Verstimmung
darüber wurde durch berechnete Witzworte meiner Gegner gesteigert, in denen unter anderm von der Firma Bismarck und
Sohn die Rede war.

Ich war inzwischen, am 16. October, nach Friedrichsruh
gegangen. In meinem Alter hing ich um meiner selbst willen
nicht an meiner Stelle, und wenn ich die baldige Trennung
vorhergesehen hätte, so würde ich sie für den Kaiser bequemer
und für mich würdiger herbeigeführt haben. Daß ich sie nicht
vorhergesehen habe, beweist, daß ich trotz vierzigjähriger Uebung
kein Höfling geworden war und die Politik mich mehr in Anspruch nahm als die Frage meiner Stellung, an welche mich nicht
Herrschsucht und Ehrgeiz, sondern nur mein Pflichtgefühl fesselte.

Im Laufe des Januars 1890 kam es zu meiner Kenntniß,
wie lebhaft der Kaiser sein Interesse der sogenannten Arbeiterschutzgesetzgebung zugewandt und daß er sich darüber mit dem
Könige von Sachsen und dem Großherzoge von Baden be-
nommen hatte, die zur Beisetzung der Kaiserin Augusta nach
Berlin gekommen waren. In Sachsen waren die Bestimmungen,
welche unter der genannten Rubrik den Reichstag und den
Bundesrath beschäftigt hatten, das heißt gesetzliche Beschränkung
der Frauen-, Kinder- und Sonntagsarbeit, zum Theil bereits
vor längerer Zeit eingeführt und von verschiednen Industrien
unbequem empfunden worden. Die sächsische Regirung wollte
der zahlreichen Arbeiterbevölkerung gegenüber nicht ihre eigenen
Anordnungen selbst reformiren; die betheiligten Industriellen
drückten auf sie mit dem Wunsche, daß im Wege der Reichs-
gesetzgebung eine Revision der sächsischen Einrichtungen herbeigeführt oder die Unbequemlichkeit derselben für das ganze Reich,
also für alle deutschen Concurrenten verallgemeinert werden
möge, und der König hatte ihnen in soweit nachgegeben, daß
die sächsischen Vertreter im Bundesrathe im Sinne des sogenannten Arbeiterschutzgesetzes thätig wurden, für welches nach

und nach alle Parteien im Reichstage, um Stimmen der Wähler zu gewinnen oder doch nicht zu verlieren, sich in Resolutionen ausgesprochen hatten. Für die bundesräthliche Bürokratie lag in den wiederholten Resolutionen des Reichstags ein Druck, dem sie bei ihrem Mangel an Fühlung mit dem praktischen Leben nicht widerstand. Die Mitglieder der betreffenden Ausschüsse glaubten ihren Ruf als Menschenfreunde zu schädigen, wenn sie nicht in die von England ausgehenden humanitären Phrasen einstimmten. Auch das gewichtige bairische Votum war nicht von Vorgesetzten instruirt, welche die Verantwortlichkeit für den Schein antihumaner Bestrebungen zu übernehmen geneigt waren. Ich veranlaßte, daß die Resolutionen des Reichstags im Bundesrathe unbeachtet blieben. Es war unter diesen Umständen für Herrn von Boetticher eine leichte und dankbare Aufgabe, im Verkehr mit seinen bundesräthlichen Collegen meine Ansicht zu kritisiren anstatt sie zu vertreten. Meine lange Abwesenheit von Berlin brachte ihn in die Lage, dasselbe dem Kaiser gegenüber zu thun und, wenn er ihm in meiner Vertretung Vortrag zu halten hatte, meinen Eigensinn als das Hinderniß auf dem Wege des Kaisers zur Popularität zu bezeichnen.

Es widerstrebte meiner Ueberzeugung und Erfahrung, in die Unabhängigkeit des Arbeiters, in sein Erwerbsleben und in seine Rechte als Familienhaupt so tief einzugreifen wie durch ein gesetzliches Verbot, seine und der Seinigen Arbeitskräfte nach eignem Ermessen zu verwerthen. Ich glaube nicht, daß der Arbeiter an sich dankbar dafür ist, daß man ihm verbietet, Geld zu verdienen an Tagen und in Stunden, wo er dazu geneigt ist, wenn auch ohne Zweifel von den Führern der Socialisten diese Frage zu einer erfolgreichen Agitation benutzt wird, mit der Vorspiegelung, daß die Unternehmer auch für die verkürzte Arbeitszeit den unverkürzten Lohn zu zahlen im Stande seien. Mit dem Verbote der Sonntagsarbeit habe ich bei persönlicher Erkundigung die Arbeiter stets nur dann einverstanden gefunden, wenn ihnen zugesichert werden konnte, daß der Wochen= lohn für sechs Arbeitstage ebenso hoch sein werde wie früher für sieben. Mit dem Verbote oder der Beschränkung der Arbeit Nicht=Erwachsener waren die Eltern der von der Arbeit Aus= zuschließenden nicht einverstanden, und unter den Nicht=Erwach= senen nur Individuen von bedenklicher Lebensrichtung. Die Ansicht, daß der Arbeiter von dem Arbeitgeber dauernd ge= zwungen werde, auch gegen seinen Willen zu bestimmten Zeiten zu arbeiten, kann bei der heutigen Eisenbahnverbindung und Freizügigkeit doch nur ausnahmsweise bei ganz besondren Ar= beits= und Communications=Verhältnissen richtig sein, schwerlich in der Ausdehnung, daß ein die Gesammtheit treffender Eingriff in die persönliche Freiheit dadurch gerechtfertigt erschiene. Bei den Streiks hatten diese Fragen keine Rolle gespielt.

Wie dem auch sei, Thatsache ist, daß der König von Sachsen trotz allem Wohlwollen für mich auf die kaiserlichen Auffassungen in einer Richtung eingewirkt hat, welche der von mir seit Jahren, namentlich in der Rede vom 9. Mai 1885 über die Sonntags= ruhe vertretenen entgegengesetzt war. Daß sich an diesen Aus= gangspunkt mein Ausscheiden aus dem Dienste knüpfen würde, hatte er nicht erwartet und bedauerte dieses Ergebniß. Dasselbe hätte sich auch schwerlich daran geknüpft, wenn nicht durch den Einfluß des Großherzogs von Baden und der Minister Boet= ticher, Verdy, Herrfurth und Andrer die kaiserliche Stimmung ohnehin soweit bearbeitet gewesen wäre, daß Se. Majestät über= zeugt war, mein seniler Eigensinn sei ein Hinderniß für sein Streben, die öffentliche Meinung zu gewinnen und die Gegner der Monarchie in Anhänger derselben zu verwandeln.

Am 8. Januar trat der Reichstag wieder zusammen. Schon vor und bald nach Weihnachten hatte der Kaiser mir in einer Weise, die für mich einem Befehle gleich kam, empfohlen, ich möge nicht zu der Session nach Berlin kommen. Am 23.

Morgens, zwei Tage vor dem Schlusse des Reichstags, telegraphirte mir Boetticher, der Kaiser habe ihm durch einen Adjutanten sagen lassen, daß am folgenden Tage um 6 Uhr Kronrath sein solle, und antwortete auf meine Rückfrage, was der Gegenstand der Berathung sein werde, er wisse das nicht. Mein Sohn, durch mich von meiner Correspondenz mit Boetticher unterrichtet, begab sich Nachmittags zu dem Kaiser und erhielt auf seine Frage nach dem Zweck des Conseils die Antwort, Se. Majestät wolle dem Ministerium seine Ansicht über die Arbeiterfrage darlegen und wünsche, daß ich dazu komme. Auf die Bemerkung meines Sohnes, er erwarte mich schon am Abend des laufenden Tages, sagte der Kaiser, ich möge lieber erst um Mittag des folgenden Tages eintreffen, damit ich nicht en demeure gesetzt würde, noch im Reichstage zu erscheinen, da eine Aeußerung meiner von der Majorität abweichenden Ansicht das Cartell gefährden könne — es ist hinzuzudenken: und mit den Allerhöchsten Intentionen unverträglich sein werde.

Ich traf am 24. gegen 2 Uhr Nachmittags ein. Um 3 fand eine von mir berufene Ministersitzung statt. Herr von Boetticher gab keine Andeutung, daß er über die Absichten des Kaisers Näheres wisse, und auch die übrigen Minister ergingen sich nur in Vermuthungen. Ich schlug vor und fand Einverständniß darüber, daß wir den kaiserlichen Eröffnungen gegenüber, wenn sie einschneidend sein sollten, uns vorläufig receptiv verhalten wollten, um sie demnächst in vertraulicher Besprechung unter uns zu discutiren. Der Kaiser hatte mich eine halbe Stunde früher als die übrigen Minister, auf 5½ Uhr, bestellt, woraus ich schloß, daß er die beabsichtigte Eröffnung vorher mit mir besprechen wolle. Darin irrte ich mich; er gab mir keine Andeutung dessen, was berathen werden sollte, und machte mir, als das Conseil zusammengetreten war, den Eindruck, als ob er eine für uns freudige Ueberraschung im Sinne habe. Er legte zwei ausführliche Elaborate vor, das eine eigenhändig, das andere nach seinem Dictat von einem Adjutanten geschrieben, beide socialistischen Forderungen Erfüllung verheißend. Das eine verlangte die Redaction und Vorlage eines in begeisterter Sprache gehaltenen, zur Veröffentlichung bestimmten Allerhöchsten Erlasses im Sinne der Elaborate. Der Kaiser ließ dieselben durch Boetticher vorlesen, der mit dem Texte vertraut zu sein schien. Für mich war derselbe überraschend, nicht sowohl wegen seiner geschäftlichen Tragweite — in dieser Beziehung hatte ich den Eindruck, daß sich Redactionen, welche den Kaiser befriedigten, finden lassen würden — als wegen der praktischen Ziellosigkeit des Elaborats und wegen des Anspruchs auf Schwunghaftigkeit; diese konnte die Wirkung der angekündigten Schritte nur abschwächen und drohte die ganze Sache im Sande volksbeglückender Redensarten verlaufen zu lassen.

Noch überraschender war die offne und schriftliche Erklärung des Monarchen vor seinen sachkundigen und verfassungsmäßigen Rathgebern, daß die Kundgebung auf den Informationen und Rathschlägen von vier Männern beruhe, welche der Kaiser als Autoritäten bezeichnete und namhaft machte. Es waren dies der Geheimerath Hinzpeter, ein Schulmann, der die Reste seines Ansehns als Lehrer seinem früheren Zöglinge gegenüber mit Ueberhebung und Ungeschick ausbeutete, mit sorgfältiger Vermeidung jeder Verantwortung; zweitens der Graf Douglas, ein glücklicher und reicher Speculant in Bergwerken, welcher das Ansehn, das ein großes Vermögen verleiht, durch den Glanz einer einflußreichen Stellung bei dem Souverän zu erhöhen bestrebt ist, zu diesem Behufe mit einer geläufigen und anerkennenden Gesprächigkeit sich politische oder doch wirthschaftlich politische Beziehungen zu dem Kaiser verschafft hat und durch freundlichen Verkehr mit den kaiserlichen Kindern zu erhalten sucht, von dem Kaiser zum Grafen gemacht; drittens der Maler von Heyden, ein sich leicht bewegender Gesellschaftsmann, der, vor 30 Jahren Bergwerksbeamter eines schlesischen

Magnaten, heut in den bergmännischen Fachkreisen für einen
Maler und in den künstlerischen für einen Bergmann gilt.
Derselbe hatte, wie uns mitgetheilt wurde, seinen Einfluß bei
dem Kaiser weniger auf eignes Urtheil als auf seinen Verkehr
mit einem alten Arbeiter aus dem Wedding begründet, welchen
er als Modell für Bettler und Propheten benutzte und aus
dessen Unterhaltung er zugleich Material für legislatorische Anregungen an höchster Stelle schöpfte.

Die vierte Autorität, welche der Kaiser seinen Räthen gegenüber geltend machte, war der Oberpräsident von Berlepsch in
Coblenz, der durch seine arbeiterfreundliche Haltung während
der Streiks von 1889 die Aufmerksamkeit des Kaisers auf sich
gezogen hatte und in directe Verbindung mit ihm getreten war,
die für mich, den vorgesetzten Ressortminister, ebenso ein Geheimniß geblieben war wie die Verbindung des Herrn von
Boetticher in Betreff derselben Frage und die des Herrn Herrfurth in Betreff der Landgemeindeordnung.

Nach erfolgter Verlesung erklärte Se. Majestät, er habe
den Geburtstag des großen Königs für diesen Kronrath gewählt, weil der letztere einen hochbedeutenden neuen historischen
Ausgangspunkt geben werde, und er wünsche die Redaction
des in dem einen Elaborat bezeichneten Erlasses so beschleunigt
zu sehen, daß die Veröffentlichung an seinem eigenen Geburts-
tage (27.) erfolgen könne. Alle das Wort nehmenden Minister
erklärten es für unthunlich, in einer so schwierigen Materie
Berathung und Redaction sofort zu Ende zu bringen. Ich
warnte vor den Folgen: die Steigerung der Erwartungen und
der niemals zu befriedigenden Begehrlichkeit der socialistischen
Klassen werde das Königthum und die Regirungsgewalt auf
abschüssige Bahn treiben; Se. Majestät und der Reichstag
sprächen von Arbeiterschutz, es handle sich aber in der Tat
um Arbeiterzwang, um den Zwang, weniger zu arbeiten; ob
der Ausfall in den Einnahmen des Familienhauptes den Unter-

nehmern gewaltsam aufgebürdet werden könne, sei fraglich, weil Industrien, welche 14 % Arbeit durch die Sonntagsruhe verlören, vielleicht nicht bestandsfähig bleiben und die Arbeiter schließlich ihren Erwerb verlieren würden. Ein Kaiserlicher Erlaß in dem gewollten Sinne würde die bevorstehenden Wahlen schädigen, weil er die Besitzenden erschrecken, die Socialisten ermuthigen werde. Eine Mehrbelastung der Productionskosten würde nur dann möglich sein und auf die Consumenten abgebürdet werden können, wenn die anderen großen Industriestaaten gleichmäßig verführen.

Se. Majestät wollte diese Ansicht nicht gelten lassen, erklärte sich aber schließlich damit einverstanden, daß seine Vorlagen zunächst im Staatsministerium berathen würden.

Das bevorstehende Ende der Reichstagssession stellte die Erneuerung des im Herbst ablaufenden Socialistengesetzes zur Frage. In der Commission, in welcher die Nationalliberalen den Ausschlag gaben, war aus der Vorlage des Bundesrathes die Ausweisungsbefugniß gestrichen worden; es fragte sich also, ob die verbündeten Regirungen in diesem Punkte nachgeben oder ob sie daran festhalten wollten auf die Gefahr hin, daß kein Gesetz zu Stande käme. Für mich unerwartet und im Gegensatz zu meinen für ihn maßgebenden Instructionen schlug Herr von Boetticher vor, am folgenden Tage in der letzten Sitzung des Reichstags eine Kaiserliche Erklärung einzubringen, durch welche die Vorlage im Sinne der Nationalliberalen abgemindert, das heißt auf die Ausweisungsbefugniß freiwillig verzichtet würde — was verfassungsmäßig nicht ohne vorgängige Zustimmung des Bundesrathes geschehen konnte. Der Kaiser trat sofort dem Vorschlage bei.

Ein definitiver Beschluß des Reichstags lag noch nicht vor, nur ein solcher zweiter Lesung und der Bericht über die Verhandlungen der Commission, nach welchem die unveränderte Annahme des Gesetzes nicht zu erwarten war. Wie ich seit Jahrzehnten gegen die Neigung von Commissarien und Ministern, die Regirungsvorlagen im Laufe von Commissionsverhand= lungen und unter Coulisseneinflüssen der Fractionsführer zu ändern und abzuschwächen, gekämpft hatte, so erklärte ich auch in diesem Falle, daß die verbündeten Regirungen sich die Zu= kunft erschweren würden, wenn sie schon jetzt die Flagge streichen und ihre eigene Vorlage verstümmeln wollten. Thäten sie das, so würde den im neuen Reichstag nöthig werdenden verschärften Vorlagen die soeben von Boetticher befürwortete nur wenige Wochen alte Erklärung der Regirungen entgegenstehen, daß sie auch ohne den Ausweisungs=Paragraphen auskommen könnten. Ich verlangte daher, daß der Beschluß des Plenums abgewartet werde; wenn derselbe ein unzulängliches Gesetz ergebe, so sei es geboten, auch dieses anzunehmen; träte aber jetzt durch Ab= lehnung ein Vacuum ein, so müsse, wenn nicht aufgelöst werden sollte, der schließlich zu gewärtigende Anlaß zu ernsterem Ein= greifen abgewartet werden. Wir würden so wie so dem nächsten Reichstage ein schärferes Gesetz vorlegen müssen. Der Kaiser protestirte gegen das Experiment mit dem Vacuum: er dürfe es im Anfange seiner Regirung keinenfalls zu einer Situation kommen lassen, in der Blut fließen könnte; das würde ihm nie verziehen werden. Ich entgegnete, ob es zu Aufruhr und Blut= vergießen käme, hinge nicht von Sr. Majestät und unsern Ge= setzesplänen ab, sondern von den Revolutionären, und ohne Blut würde es schwerlich abgehn, wenn wir nicht mehr, als ohne Gefahr zulässig, nachgeben und irgendwo standhalten wollten. Je später der Widerstand der Regirung einträte, desto gewaltsamer werde er sein müssen.

Die übrigen Minister außer Boetticher und Herrfurth sprachen sich, zum Theil mit ausführlicher Motivirung, in mei= nem Sinne aus. Da der Kaiser, sichtlich verstimmt durch die negative Votirung der Minister, noch einmal darauf zurückkam, vor dem Reichstage zu capituliren, so sagte ich, es sei meine

Pflicht, auf Grund meiner Sachkenntniß und Erfahrung davon abzurathen. Bei meinem Eintritt 1862 sei die Königliche Gewalt in einer schwachen Stellung gewesen; die Abdication des Königs, mit der Undurchführbarkeit seiner Ueberzeugung motivirt, habe vorgelegen; seitdem sei 28 Jahre lang die Königliche Gewalt in Macht und Ansehn ununterbrochen gestiegen; der von Boetticher angeregte freiwillige Rückzug im Kampfe gegen die Socialdemokratie werde der erste Schritt bergab auf dem bisher aufsteigenden Wege sein, in der Richtung auf eine vorläufig bequeme, aber gefährliche Parlamentsherrschaft. „Wenn Se. Majestät meinem Rathe keine Bedeutung beilege, so wisse ich nicht, ob ich dann noch an meinem Platze sei." Auf diese Erklärung sagte der Kaiser, von mir ab und gegen Boetticher gewandt: „Dadurch werde ich in eine Zwangslage versetzt." Ich selbst habe diese Worte nicht verstanden, sie sind mir aber von meinen links vom Kaiser sitzenden Collegen später mitgetheilt worden.

Schon wegen der Stellung, welche der Kaiser im Mai 1889 zu den Streiks der Bergleute nahm, hatte ich befürchtet, daß ich auf diesem Gebiete nicht würde mit ihm einig bleiben können. Zwei Tage bevor er am 14. Mai 1889 die Deputirten der streifenden Bergleute empfing, war er unangemeldet in der Sitzung des Staatsministeriums erschienen und hatte erklärt, daß er meine Ansichten über die Behandlung des Streiks nicht theile. „Die Unternehmer und Actionäre müßten nachgeben, die Arbeiter seien seine Unterthanen, für die er zu sorgen habe; wollten die industriellen Millionäre ihm nicht zu Willen sein, so würde er seine Truppen zurückziehen; wenn dann die Villen der reichen Besitzer und Directoren in Brand gesteckt, ihre Gärten zertreten würden, so würden sie schon klein werden." Meinen Einwand, daß die Besitzenden doch auch Unterthanen seien, die auf den Schutz des Landesherrn Anspruch hätten, überhörte Se. Majestät und sagte in Erregung, wenn keine

Kohlen gefördert würden, so sei unsre Marine wehrlos; wir könnten die Armee nicht mobil machen, wenn Kohlenmangel den Aufmarsch per Bahn hindere, wir seien in einer so prekären Lage, daß er jetzt gleich den Krieg erklären würde, wenn er Rußland wäre.

Ideal Sr. Majestät schien damals populärer Absolutismus zu sein. Seine Vorfahren haben die Bauern und die Bürger emancipirt; würde eine analoge Emancipation der Arbeiter auf Kosten der Arbeitgeber heut in einer analogen Entwicklung verlaufen wie die halbhundertjährigen legislativen Arbeiten, aus denen die Regulirung der Bauern und die Städteordnung hervorgingen?

Die französischen Könige verschafften sich durch Ausspielen der Stände gegen einander den Absolutismus, der von Ludwig XIV. bis Ludwig XVI. Grundgesetz des Staates war, aber kein haltbares Fundament. Unbeschränktheit des Königlichen Willens bestand unter Friedrich Wilhelm I., ruhte aber nicht auf freiwilliger und wandelbarer Popularität in den Massen der Bevölkerung, sondern auf dem damals noch nicht angekränkelten monarchischen Sinne aller Stände und auf der jedem Widerstand überlegnen Militär= und Polizeimacht, ohne Parlament, Presse, Vereinsrecht. Friedrich Wilhelm I. schickte den, der ihm widersprach, „in die Karre" oder ließ ihn hängen (Schlubuth), und Friedrich II. schickte das Kammergericht nach Spandau. Die ultima ratio fehlt dem heutigen Königthume, und auf Acclamation der Massen würde sich eine absolute Königliche Gewalt auch dann nicht begründen lassen, wenn deren Lebensansprüche noch ebenso bescheiden wären wie zur Zeit Friedrich Wilhelm's I. In Dänemark gelang 1665 das Königsgesetz und blieb lange Zeit haltbar; aber damals kam es nur darauf an, den Widerstand einer kleinen Minorität, des Adels, zu brechen, nicht die wirthschaftliche Existenz der gewerbtreibenden Klassen. —

Die ausständischen Arbeiter würden natürlich in ihren An=
sprüchen bestärkt durch den Glauben, daß die Haltung der
höchsten Staatsgewalt ihnen günstig sei. Dazu kam die Ueber=
einstimmung der Reichstagsfractionen im Wettkriechen vor dem
wählenden Arbeiter auf dem Gebiete der angeblichen Schutz=
gesetzgebung. Ich hielt die letztere angebrachtermaßen für schäd=
lich und für eine Quelle von künftigen Unzufriedenheiten, ihre
Tragweite aber nicht für bedeutend genug, um 1889 dem Kaiser
gegenüber eine Cabinetsfrage daraus zu machen.

Die Gründe, welche in meinem politischen Gewissen gegen
meinen Rücktritt sprachen, lagen auf anderen Gebieten, nament=
lich auf dem der auswärtigen Politik sowohl unter dem Ge=
sichtspunkt des Reiches als unter dem der deutschen Politik
Preußens. Das Vertrauen und die Autorität, welche ich mir
in einer langen Dienstzeit bei ausländischen und bei deutschen
Höfen erworben hatte, vermochte ich nicht auf Andere zu über=
tragen; dieser Besitz mußte bei meinem Ausscheiden dem Lande
und der Dynastie verloren gehen. Ich hatte in schlaflosen
Nächten Zeit genug, diese Frage in meinem Gewissen zu er=
wägen, und kam zu der Ueberzeugung, daß es für mich eine
Ehrenpflicht sei, auszuharren, und daß ich die Verantwortlichkeit
und die Initiative zu meinem Ausscheiden nicht auf mich nehmen
dürfe, sondern dem Kaiser überlassen müsse. Ich wollte sie ihm
aber nicht erschweren und beschloß nach dem Kronrath vom 24.,
zunächst mich freiwillig aus dem Ressort zurückzuziehen, auf
dessen Gebiete sich meine amtlich seit Jahren verkündeten Ueber=
zeugungen als unvereinbar mit denen des Kaisers schon heraus=
gestellt hatten, das heißt aus dem Handelsministerium, zu dessen
amtlicher Competenz die Arbeiterfrage gehörte.

Ich hielt für möglich, die Entwicklung auf diesem Gebiete
mit einem tolerari posse, mit passiver Assistenz, an mir vorüber=
gehen zu lassen und die eigentlich politischen, namentlich die
auswärtigen Geschäfte weiter zu führen. Daß die Behandlung

der Arbeiterfrage gegenüber dem Glauben des Kaisers, daß
sein guter Wille genüge, die Begehrlichkeit der Arbeiter zu beruhigen, ihre Dankbarkeit und ihren Gehorsam zu erwerben,
für einen ehrlichen und einsichtigen Diener des Landes und der
Monarchie eine schwierige Aufgabe sein würde, war voraus-
zusehen. Ich hielt es für recht und billig, daß Herr von Berlepsch, der als Regirungspräsident ohne Wissen des verantwortlichen Handelsministers, im Gegensatz zu meinen Auffassungen,
im Sinne höherer Anregung 1889 thätig gewesen war, auch
die ministerielle Verantwortlichkeit für die Richtung übernähme,
in welcher er durch seine Mitwirkung den Kaiser bestärkt hatte.
Dadurch würde zugleich der Kaiser in die Lage gesetzt werden,
selbst und unbeirrt durch mich die Probe auf die Ausführbarkeit
seiner wohlwollenden Intentionen zu machen.

Ich berief eine Ministersitzung, sprach in derselben meine
Ansicht aus, fand einhellige Zustimmung, und auf einen sofort
erstatteten Immediatbericht erfolgte am 31. Januar 1890 die
Ernennung des Herrn von Berlepsch zum Handelsminister. Ich
füge hinzu, daß ich bei diesem Experimente auf Grund der
Selbständigkeit, die der Oberpräsident von Berlepsch als un-
berufener Berather des Monarchen gezeigt hatte, seine Energie,
sein Interesse zur Sache und seine Befähigung dafür höher
eingeschätzt hatte, als sie sich ministeriell bewährt haben. Der
Kaiser zieht Leute zweiten Ranges als Minister vor, und die
Lage ist insofern keine correcte, als die Minister nicht den
Monarchen mit Rath und Anregung versehn, sondern beides
von Sr. Majestät erwarten und empfangen.

Sechstes Kapitel

Die Kaiserlichen Erlasse vom 4. Februar 1890.

In der Ministersitzung vom 26. Januar entwickelte ich noch einmal die Gefährlichkeit der beabsichtigten Kaiserlichen Erlasse, begegnete aber bei Boetticher und Verdy dem Einwande, ein ablehnendes Votum würde dem Kaiser mißfallen. Meine Collegen hatten ein sacrificium intellectus dem Kaiser, mein Stellvertreter und Adlatus hatte mir gegenüber eine Unehrlichkeit begangen. Vergebens ging ich so weit, es als einen Uebergang zum Landesverrath zu bezeichnen, wenn verantwortliche Minister den Souverän auf Wegen fänden, die sie für staatsgefährlich hielten, und das nicht offen sagten, sondern das verfassungsmäßige Verhältniß umkehrten in ein vom Kaiser berathenes Staatsministerium. Diese meine Ausführung wurde von Herrn von Boetticher unter Zustimmung des Kriegsministers mit einfacher Wiederholung des Satzes bekämpft, wir müßten doch dem Kaiser etwas nach seinem Wunsche zurecht machen. Da die übrigen Collegen sich enthielten, an der Discussion zwischen Boetticher und mir Theil zu nehmen, so mußte ich die Hoffnung aufgeben, den nach meiner Ueberzeugung staatsgefährlichen Anregungen Sr. Majestät ein einstimmiges Votum entgegenzusetzen. Ich hatte darauf gerechnet, daß das Staatsministerium sich ebenso verhalten würde, wie es geschehen war, wenn der Großvater des Kaisers durch weibliche, maurerische oder andere Einflüsse auf schädliche Wege gebracht war. In solchen Fällen mußte darauf ausgegangen werden, Einstimmigkeit der Minister herzustellen, wenn auch vorher starke Meinungsverschiedenheiten unter ihnen bestanden hatten, und der alte Herr gab nach, wenn er keine Stimmen für sich gewinnen konnte. Ich erinnere mich nur einer Ausnahme. Nachdem der Frankfurter Friedens= vertrag am 18. Mai 1871 von der französischen National= versammlung genehmigt war, konnten unsere Truppen bis auf einen zur Besetzung der pfandweise occupirten Departements ausreichenden Theil zurückgerufen werden. Die Minister waren darüber einig, dies sofort zu thun, alle Mannschaften, die nicht bei der Fahne zu bleiben hatten, zu entlassen und den Einzug der in Berlin garnisonirenden Regimenter auf den nächsten möglichen Termin, jedenfalls noch im Mai, anzuberaumen. Damit stießen wir aber bei Sr. Majestät auf einen hartnäckigen Widerstand. Die Kaiserin Augusta wollte, wie ich erfahren hatte, dem Einzuge beiwohnen, aber vorher ihre Kur in Baden= Baden abmachen; der Kaiser wollte den Wunsch seiner Ge= mahlin erfüllen, aber auch die Regimenter in voller Kriegsstärke einziehen sehen. Vergebens machten wir in mehrtägigen Be= rathungen, welche im Erdgeschoß des Palais abgehalten wurden, den Kostenaufwand geltend, die Rücksicht auf die so lange von ihren Familien und Geschäften getrennten Leute, das dringende Bedürfniß, der Landwirthschaft so viele Arme zurück zu geben. Der Kaiser, der den eigentlichen Grund seines Widerstandes dem Ministerrathe nicht eingestehen mochte, hatte es schwer, gegen unsere Argumente anzukämpfen, blieb aber fest dabei, der Einzug solle in der Mitte des Juni und in voller Kriegsstärke vor sich gehen. Während der Berathungen kam es vor, daß in den Räumen über dem Berathungszimmer jemand mit so starken Schritten hin und her ging, daß der Kronleuchter in eine klirrende Bewegung gerieth. Nach der letzten resultatlosen Berathung suchte Lauer, der Leibarzt des Kaisers, mich auf, um mir zu sagen, daß er die gefährlichsten Folgen für die Gesundheit Sr. Majestät, vielleicht einen Schlagfluß befürchten müsse, wenn nicht der Hausfriede hergestellt werde. Auf diese Mittheilung

gab das Staatsministerium nach; der Einzug erfolgte erst am
16. Juni, unter den Augen Ihrer Majestät.

Für den nun eingetretenen Fall, daß das Staatsministerium
versagte, hatte ich erwogen, durch welche andern Faktoren
sich vielleicht auf den Kaiser wirken lassen würde. Als solche
erschienen der Staatsrath, der Volkswirthschaftsrath, denen ich
ein Verständniß für die Rückwirkung auf die unmittelbar bevorstehenden Reichstagswahlen zutrauen durfte, und die Regirungen des Auslandes, welche von dem parteinehmenden
Eingreifen des Kaisers in die Arbeiterverhältnisse analoge
Schäden erwarten konnten, wie ich sie bei uns befürchtete. Mein
Vorschlag, den ich in derselben Sitzung des 26. machte, den
Staatsrath und eine internationale Conferenz zu berufen, um
in der Erörterung sachverständiger Männer ein Gegengewicht
gegen unverantwortliche und unwissende Dilettanten zu schaffen,
fand Zustimmung.

Die Redaction der entsprechenden Erlasse nahm ich selbst in
die Hand. Die genannte Camarilla war der Meinung gewesen, daß eine Kundgebung, wie der Kaiser sie wollte, einen
günstigen Einfluß auf die Reichstagswahlen haben werde. Ich
war von dem Gegentheil überzeugt, allerdings ohne vorherzusehn, in wie großem Maße mir der Ausfall der Wahlen am
20. Februar Recht geben würde. Ich hatte auf Grund der
Erfahrung das taktische Bedenken, daß es in einer Situation,
wie sie durch die Streiks des Vorjahres vorbereitet war, eine
gefährliche Sache ist, Maßregeln von unbestimmter und un-
berechneter Tragweite in promissorischer Form anzuregen; ich
war überzeugt, daß die Verlogenheit und Entstellungskraft der
Wahlreden niemals eine wirkliche Absicht der Regirung, sondern
immer nur Vorwand und Mißdeutung behufs aufregender
Kritik des Bestehenden in den Vordergrund stellen würden.
Kundgebungen von einschneidender Natur vor den Wahlen
können auf diese günstig einwirken, wenn sie von unzweideutigen

Thatsachen ausgehen, die für Entstellung keinen Anhalt geben, zum Beispiel von auswärtigen Angriffen oder Bedrohungen, oder von Attentaten wie das Nobiling'sche. Für eine Kundgebung wie die beabsichtigte fürchtete ich nicht gerade die unmittelbare und directe Kritik, wenn sie sachlich richtig verstanden wurde, wohl aber die geschickte Ausnutzung durch die staatsfeindlichen Agitatoren. Ich war deshalb nicht ohne Sorge in Betreff der Wirkung der vom Kaiser gewollten Erlasse, legte aber mehr Gewicht auf die persönliche Belehrung des Kaisers. In der Ueberzeugung, die mich seit 40 Jahren in der preußischen und deutschen Politik geleitet hat, sah ich meine Aufgabe mehr darin, den Kaiser vor Eindrücken und Schritten zu bewahren, welche zu einer rückläufigen Bewegung der von mir seit 1862 mit Erfolg betriebenen Stärkung der Königlichen Gewalt und Befestigung des Reiches führen mußten, als darin, augenblickliche Wahlergebnisse zu gewinnen.

Volksvertretungen hatte ich seit 40 Jahren viele kommen und gehen sehn und hielt sie für weniger schädlich für unsre Gesammtentwicklung, als monarchische Irrthümer es werden konnten, wie sie nicht vorgekommen waren, seit im Jahre 1858 der Prinz Regent die Wege der Neuen Aera eingeschlagen hatte. Auch damals war es das ehrliche Bedürfniß des Regirenden, seinen Unterthanen Wohlthaten zu erweisen, welche man ihnen seiner Meinung nach lediglich aus mißverständlichem Eifer und ungerechter Herrschsucht vorenthalten hatte. Auch damals lag der Fall vor, daß eine Coterie von ehrgeizigen Strebern, die in der Aera Manteuffel nichts erreicht hatten, die Partei Bethmann-Hollweg, sich an den Thronerben gemacht und bei demselben das Mißverhältniß zwischen edlen Intentionen und mangelhafter Kenntniß des praktischen Lebens ausgebeutet hatte, um ihn gegen die Regirung seines Bruders zu verstimmen und ihm Opposition gegen dieselbe als Vertretung der Menschenrechte erscheinen zu lassen.

Um die Ungeduld des Kaisers einigermaßen zu befriedigen,
gab ich den betreffenden beiden Entwürfen, an den Reichskanzler
und an den Handelsminister, eine seinem Charakter und seinem
Verlangen nach schwunghaftem Ausdruck entsprechende Fassung.
Bei Vorlegung derselben erklärte ich, daß ich sie lediglich aus
Gehorsam gegen seinen Befehl gemacht und dringend bäte, von
Veröffentlichungen der Art Abstand zu nehmen, den Zeitpunkt
abzuwarten, wann dem Reichstage formulirte, präcisirte Vorlagen gemacht werden könnten, jedenfalls die Wahlen vorüber
gehn zu lassen, ehe die Arbeiterfrage von ihm öffentlich berührt
werde. Die Unbestimmtheit und Allgemeinheit der kaiserlichen
Anregung werde Erwartungen hervor rufen, deren Befriedigung
außerhalb der Möglichkeit läge, deren Nichterfüllung die
Schwierigkeit der Situation steigern werde. Ich hätte das
Bedürfniß, wenn Se. Majestät nach Monaten oder Wochen
selbst zur Erkenntniß der Schäden und Gefahren, die ich befürchtete, gelangt sein würde, daran erinnern zu können, daß
ich den ganzen Schritt auf das Bestimmteste widerrathen und
die Ausarbeitung nur aus pflichtmäßigem Gehorsam eines noch
im Dienste befindlichen Beamten geliefert hätte. Ich schloß mit
der Bitte, die vorgelesenen Entwürfe in das gerade brennende
Kaminfeuer werfen zu dürfen. Der Kaiser antwortete: „Nein
nein, geben Sie her!" und unterzeichnete mit einiger Hast die
beiden Erlasse, die unter dem 4. Februar ohne Gegenzeichnung
im „Reichs= und Staats=Anzeiger" veröffentlicht sind:

„Ich bin entschlossen, zur Verbesserung der Lage der deutschen
Arbeiter die Hand zu bieten, soweit die Grenzen es gestatten,
welche Meiner Fürsorge durch die Nothwendigkeit gezogen
werden, die deutsche Industrie auf dem Weltmarkte concurrenz=
fähig zu erhalten und dadurch ihre und der Arbeiter Existenz
zu sichern. Der Rückgang der heimischen Betriebe durch Ver-
lust ihres Absatzes im Auslande würde nicht nur die Unter-

nehmer, sondern auch ihre Arbeiter brodlos machen. Die in der internationalen Concurrenz begründeten Schwierigkeiten der Verbesserung der Lage unserer Arbeiter lassen sich nur durch internationale Verständigung der an der Beherrschung des Weltmarkts betheiligten Länder, wenn nicht überwinden, doch abschwächen. In der Ueberzeugung, daß auch andere Regirungen von dem Wunsche beseelt sind, die Bestrebungen einer gemein= samen Prüfung zu unterziehen, über welche die Arbeiter dieser Länder unter sich schon internationale Verhandlungen führen, will Ich, daß zunächst in Frankreich, England, Belgien und der Schweiz durch Meine dortigen Vertreter amtlich angefragt werde, ob die Regirungen geneigt sind, mit uns in Unter= handlungen zu treten behufs einer internationalen Verständigung über die Möglichkeit, denjenigen Bedürfnissen und Wünschen der Arbeiter entgegen zu kommen, welche in den Ausständen der letzten Jahre und anderweit zu Tage getreten sind. So= bald die Zustimmung zu Meiner Anregung im Princip ge= wonnen sein wird, beauftrage Ich Sie, die Cabinete aller Regirungen, welche an der Arbeiterfrage den gleichen Antheil nehmen, zu einer Conferenz behufs Berathung über die ein= schlägigen Fragen einzuladen.

An   Wilhelm I. R."

den Reichskanzler.

„Bei Meinem Regirungsantritt habe Ich Meinen Entschluß kund gegeben, die fernere Entwicklung Unserer Gesetzgebung in der gleichen Richtung zu fördern, in welcher Mein in Gott ruhender Großvater Sich der Fürsorge für den wirthschaftlich schwächeren Theil des Volkes im Geiste christlicher Sittenlehre angenommen hat. So werthvoll und erfolgreich die durch die Gesetzgebung und Verwaltung zur Verbesserung der Lage des Arbeiterstandes bisher getroffenen Maßnahmen sind, so erfüllen dieselben doch nicht die ganze Mir gestellte Aufgabe. Neben dem

weiteren Ausbau der Arbeiter-Versicherungsgesetzgebung sind
die bestehenden Vorschriften der Gewerbeordnung über die Verhältnisse der Fabrikarbeiter einer Prüfung zu unterziehen, um
den auf diesem Gebiet laut gewordenen Klagen und Wünschen,
soweit sie begründet sind, gerecht zu werden. Diese Prüfung
hat davon auszugehen, daß es eine der Aufgaben der Staatsgewalt ist, die Zeit, die Dauer und die Art der Arbeit so zu
regeln, daß die Erhaltung der Gesundheit, die Gebote der
Sittlichkeit, die wirthschaftlichen Bedürfnisse der Arbeiter und
ihr Anspruch auf gesetzliche Gleichberechtigung gewahrt bleiben.
Für die Pflege des Friedens zwischen Arbeitgebern und Arbeit-
nehmern sind gesetzliche Bestimmungen über die Formen in
Aussicht zu nehmen, in denen die Arbeiter durch Vertreter,
welche ihr Vertrauen besitzen, an der Regelung gemeinsamer
Angelegenheiten betheiligt und zur Wahrnehmung ihrer Interessen bei Verhandlung mit den Arbeitgebern und den
Organen Meiner Regirung befähigt werden. Durch eine solche
Einrichtung ist den Arbeitern der freie und friedliche Ausdruck
ihrer Wünsche und Beschwerden zu ermöglichen und den Staats-
behörden Gelegenheit zu geben, sich über die Verhältnisse der
Arbeiter fortlaufend zu unterrichten und mit den Letzteren
Fühlung zu behalten. Die staatlichen Bergwerke wünsche Ich
bezüglich der Fürsorge für die Arbeiter zu Musteranstalten entwickelt zu sehen, und für den Privat-Bergbau erstrebe Ich die
Herstellung eines organischen Verhältnisses Meiner Berg-
beamten zu den Betrieben behufs einer der Stellung der Fabrik-
inspectionen entsprechenden Aufsicht, wie sie bis zum Jahre 1865
bestanden hat. Zur Vorbereitung dieser Fragen will Ich, daß
der Staatsrath unter Meinem Vorsitze und unter Zuziehung
derjenigen sachkundigen Personen zusammentrete, welche Ich
dazu berufen werde. Die Auswahl der Letzteren behalte Ich
Meiner Bestimmung vor. Unter den Schwierigkeiten, welche
der Ordnung der Arbeiterverhältnisse in dem von Mir be-

absichtigten Sinne entgegenstehen, nehmen diejenigen, welche aus der Nothwendigkeit der Schonung der heimischen Industrie in ihrem Wettbewerb mit dem Auslande sich ergeben, eine hervorragende Stelle ein. Ich habe daher den Reichskanzler angewiesen, bei den Regirungen der Staaten, deren Industrie mit der unserigen den Weltmarkt beherrscht, den Zusammentritt einer Conferenz anzuregen, um die Herbeiführung gleichmäßiger internationaler Regelung der Grenzen für die Anforderungen anzustreben, welche an die Thätigkeit der Arbeiter gestellt werden dürfen. Der Reichskanzler wird Ihnen Abschrift Meines an ihn gerichteten Erlasses mittheilen.

Wilhelm R."

An
    die Minister der öffentlichen Arbeiten
      und für Handel und Gewerbe.

Wenn ich, wie ich einsah, das persönliche Vorhaben des hohen Herrn nicht an der Wurzel abschneiden konnte, so war ich schon zufrieden, gewissermaßen subrepticie seine Zustimmung zur Heranziehung des Staatsraths und der Nachbar-Regirungen erlangt zu haben. Aber in der Rechnung auf diese Factoren hatte ich mich getäuscht.

Indem ich an die zwingende Kraft der materiellen Interessen im Staatsrath und in der internationalen Conferenz geglaubt, hatte ich Selbständigkeit und Ueberzeugungstreue der Leute überschätzt. Im Staatsrath war das servile Element verstärkt durch Berufung einer Anzahl bisher unbekannter Persönlichkeiten, die theils aus dem Arbeiterstande, theils den Berliner Industriellen entnommen waren und Reden hielten, die sie wohl schon oft gehalten hatten. Auch ein agitirender Kaplan war anwesend. Alle Beamte schwiegen abwartend. Baare, Hüttenbesitzer aus Bochum, und Jencke, Vertrauensmann von Krupp in Essen, die einzigen, die es wagten, die Intentionen des Kaisers vorsichtig zu kritisiren, waren eingeschüchtert durch

die Erinnerung an theils wirklich gesprochene, theils erfundene
kaiserliche Worte, Drohungen gegen die Unternehmer, und
durch die Furcht, sich den Kaiser noch mehr zu entfremden
und weitere Bedrohungen der Besitzenden und Arbeitgeber
herbei zu führen. Die höfliche Schüchternheit der Vertreter
der Besonnenheit im Vergleich mit der Unverfrorenheit ge-
wohnheitsmäßiger Volksredner, die der Kaiser zugezogen hatte,
ließ erkennen, daß von den Staatsrathssitzungen ein unbefangenes
Wirken auf Se. Majestät nicht zu erwarten war. Der Kaiser
hatte bestimmt, daß die Sitzungen in den Diensträumen des
Herrn von Boetticher Statt finden sollten, dem auch die Auswahl und Berufung der Personen aus dem Arbeiterstande
zufiel. Als Vicepräsident des Staatsraths wohnte ich aus
eigenem Entschluß der ersten, vierstündigen Sitzung bei, ohne
in der Discussion das Wort zu ergreifen. Als der Kaiser zur
Abstimmung schreiten wollte über die muthmaßlich von Boetticher
formulirten Fragen, sah ich mich unter 40 oder 50 Personen
allein mit Jencke und Baare. Da ich mich in meiner ministeriellen Stellung nicht in manifeste Opposition mit dem Kaiser
setzen wollte, erklärte ich zur Motivirung meiner Enthaltung,
daß active Staatsminister überhaupt nicht in der Lage wären,
im Staatsrathe abzustimmen und dadurch ihrem Votum im
Staatsministerium zu präjudiciren. Der Kaiser befahl, diese
meine Aeußerung zu Protokoll zu nehmen.

Von den folgenden Staatsrathssitzungen hielt ich mich fern,
nachdem ich im Zwiegespräch mit dem Kaiser constatirt hatte,
daß ich damit seinen Wunsch erfüllte.

Auch die am 15. März eröffnete internationale Conferenz,
mit deren Erwähnung ich nur ein Weniges in der Zeit vorgreife,
entsprach nicht meiner Erwartung. Ich hatte die Berufung
vorgeschlagen, weil ich annahm, der Glaube Sr. Majestät an
die Nützlichkeit, Gerechtigkeit und Popularität seiner Bestrebungen
sei durch die vier intellectuellen Urheber derselben so befestigt

worden, daß seine Bereitwilligkeit, überhaupt noch andere Sachkundige zu hören, nur zu erlangen sei, wenn die Berathungen
im Glanze einer von ihm berufenen europäischen Conferenz und
einer öffentlichen Discussion im Staatsrathe vor sich gingen.

Ich hatte dabei auf eine ehrlichere Prüfung der deutschen
Vorschläge, wenigstens von Seiten der Engländer und Franzosen
gerechnet, indem ich die bei unsern westlichen Concurrenten als
wirksam vorauszusetzenden Tendenzen nicht richtig gegen einander abwog. Ich setzte bei ihnen mehr Ehrlichkeit und mehr
Humanität voraus, als vorhanden war; ich nahm an, daß sie
entweder den utopischen Theil der kaiserlichen Anregungen vom
praktischen Standpunkte ablehnen oder auf die Forderung
gleichartiger Einrichtungen in den betheiligten Ländern eingehen
würden, sodaß die Arbeiter gleichmäßig besser zu behandeln und
die Productionskosten gleichmäßig zu vertheuern wären; die
erstere Alternative war mir wegen der Schwierigkeit der Ausführung und der Controlle der zweiten die wahrscheinliche.
Aber ich hatte nicht darauf gerechnet, daß unsere Vertreter dem
Banne der Jules Simon'schen Phrasen so vollständig verfallen
würden, daß nicht einmal ein für den Kaiser brauchbares
Argument gewonnen wurde, sondern nur die Gewißheit, daß
die Nachbarn uns unsere Illusionen gönnten, sie pflegten und
sich hüteten, die deutsche Gesetzgebung zu hindern, wenn sie
auf dem Wege war, ihrer einheimischen Industrie und ihren
Arbeitern Unbequemlichkeiten zu bereiten. Sie regelten ihr
Verhalten nach demselben Grundsatze, welchen alle die von mir
Jahrzehnte lang als Reichsfeinde bekämpften Elemente heute
befolgen: es sei nicht ihre Sache, die Kaiserliche Regirung auf
dem Wege zur Selbstbeschädigung aufzuhalten.

Siebentes Kapitel

Wandlungen.

Welche Wandlungen in der Stimmung und den Absichten des Kaisers während der letzten Wochen vor meiner Entlassung Statt gefunden haben, darauf kann ich aus seinem Verhalten und aus mir später zugegangenen Mittheilungen nur mehr oder weniger sichere Schlüsse machen. Nur über die psychologischen Vorgänge in mir selbst vermag ich an der Hand gleichzeitig von Tage zu Tage gemachter Notizen mir im Rückblick Rechenschaft zu geben. Beides hat natürlich in Wechselwirkung gestanden, aber die beiderseitigen in der Zeit parallelen Vorgänge synoptisch darzustellen ist nicht thunlich. In meinem Alter hing ich nicht an meinem Posten, nur an meiner Pflicht. Die nach und nach hervortretenden Anzeichen, daß der Kaiser — man ließ Se. Majestät glauben (Boetticher, Berlepsch), ich stände seiner Popularität bei den Arbeitern im Weg — mehr Vertrauen zu Boetticher, Verdy, zu meinen Räthen, zu Berlepsch und andern unberufenen Rathgebern hatte als zu mir, haben mich zu wiederholter Erwägung veranlaßt, ob und wie mein volles oder theilweises Ausscheiden ohne Schädigung der staatlichen Interessen rathsam sei. Ich habe ohne Verstimmung in mancher schlaflosen Nacht die Frage erwogen, ob ich mich den Schwierigkeiten entziehen solle und dürfe, die ich als bevorstehend ansah. Ich kam stets zu dem Ergebniß, daß ich ein Gefühl von Pflichtwidrigkeit im Gewissen behalten würde, wenn ich mich den Kämpfen, die ich voraussah, versagte. Ich fand die Neigung des Kaisers, den Ruhm seiner kommenden Regirungsjahre nicht mit mir theilen zu wollen, psychologisch erklärlich und sein Recht dazu klar, entfernt von jeder Empfindlichkeit. Die Befreiung von aller Verantwortlichkeit hatte bei meiner Ansicht über den Kaiser und seine Ziele viel Verführerisches für mich; aber mein Ehrgefühl kennzeichnete mir diese Regung als Scheu vor Kampf und Arbeit im Dienste des Vaterlandes, als unverträglich mit tapferem Pflichtgefühl. Ich befürchtete damals, daß die Krisen, die uns, wie ich glaube, bevorstehen, schneller eintreten würden. Ich sah nicht voraus, daß ihr Eintritt durch Verzicht auf jedes Socialistengesetz, durch Concessionen an Reichsfeinde verschiedener Gattung verschoben werden würde. Ich hielt und halte dafür, daß sie um so gefährlicher sein werden, je später sie eintreten. Ich hielt den Kaiser für kampflustiger, als er war oder unter fremdem Einflusse blieb, und hielt für Pflicht, ihm mäßigend, eventuell kämpfend, zur Seite zu bleiben.

Nachdem sich während der zweiten Februarwoche bei mir der Eindruck verstärkte, daß der Kaiser wenigstens die socialen Angelegenheiten in dem Glauben, sie versöhnlich leiten zu können, ohne mich und nachgiebiger, als ich für gerathen hielt, entwickeln wolle, beschloß ich Klarheit darüber zu schaffen und sagte in einem Vortrage am 8. Februar: „Ich fürchte, daß ich Ew. Majestät im Wege bin." Der Kaiser schwieg, bejahte also. Ich entwickelte darauf à l'amiable die Möglichkeit, wie ich in dem Falle zunächst meine preußischen Aemter niederlegen, nur das von meinen Gegnern seit mehr als zehn Jahren für mich empfohlene „Altentheil des Auswärtigen" behalten und das Kapital von Erfahrung und Vertrauen, welches ich mir in Deutschland und im Auslande erworben, ferner für Kaiser und Reich nutzbar machen könne. Se. Majestät nickte zu diesem Theile meiner Darlegung zustimmend und fragte am Schlusse in lebhaftem Tone: „Aber die Militärforderungen werden Sie doch noch im Reichstage durchbringen?" Ich antwortete, ohne deren Umfang zu kennen, daß ich bereitwillig

dafür eintreten würde. Mir war die Socialisten=Frage zunächst
wichtiger als die militärische, nachdem ich uns, bis auf Artillerie
und Avancirte, stark genug hielt. Verdy war ohne mich
ernannt worden; es war seit 1870 Verstimmung zwischen uns
und ich sah ihn als mouchard des Kaisers im Ministerrathe
an. Seine Ernennung war schon ein Schachzug des Kaisers
gegen mich, und ich sah es nicht als meine Aufgabe an, die
weitgehenden Pläne, die nomine des Kaisers und Verdy's als
„unaufschieblich" eingebracht wurden, in erster Linie zu be=
kämpfen. 117 Millionen beriefen zuerst die Finanzminister
zum Kampf und die Verbündeten, dann den Reichstag. Mir
war, als Rückzugsgefecht, die Socialisten=Frage dringlicher als
die Verdy'sche Vorlage, und sie ist es auch.

Ich schlug des Weiteren vor, mein Ausscheiden aus den
preußischen Aemtern, wenn Se. Majestät es wünsche, auf den
Wahltag (20. Februar) zu verlegen, damit dasselbe weder als
Folge der Wahlen erschiene noch auf dieselben einwirke, die
ich schon durch die Kaiserlichen Erlasse für gefährdet hielt. Ich
empfahl in meinem Programm, im preußischen Dienste jeden=
falls einen General zu meinem Nachfolger zu wählen, weil ich
fürchtete, daß in etwaigen Kämpfen mit socialistischen Bewe=
gungen und bei wiederholter Auflösung des Reichstags liberale
Minister den Kaiser widerwillig vertreten würden, wie etwa
Bodelschwingh und andere, denen wenigstens der persönliche
Muth nicht fehlte, den König im März 1848 so geführt haben,
daß reactionäre Wege ungangbar wurden. Die wichtigsten Res=
sorts für solche Fälle, sagte ich Sr. Majestät, seien Polizei,
Krieg und Justiz. Die Polizei sei in der Hand des Ministers
des Innern, Herrfurth, eines liberalen Bürokraten. Das
Kriegsministerium, auf welches 1848 die Widerstandskraft und
der schließliche Sieg des Königs sich gründete, sei ebenfalls in
liberalen Händen, die politischen Ideale des Herrn von Verdy
würden sich mit denen der meisten seiner Vorgänger kaum

decken. Von dem Justizminister hinge die Haltung der Staatsanwälte ab, und Herr von Schelling sei ein ausgezeichneter
Jurist, und conservativ gesinnt, aber verlebt und zu einem opfer-
muthigen Eingreifen in schwierigen Lagen nicht der Mann.
Auch Boetticher sei kein Held und breiweich veranlagt. Nur
eine militärische Spitze könne im Nothfall die civilistischen
Schwächen decken. Als einen geeigneten General bezeichnete
ich Caprivi, der zwar in der Politik fremd sei, aber doch ein
für den König zuverlässiger Soldat; in der Politik könne er in
ruhigen Zeiten als Ministerpräsident ohne Ressort sich wesentlich zurückhalten. Davon, daß Caprivi mein Nachfolger im auswärtigen Dienste werden könne, war damals nicht die Rede.
Der Kaiser stimmte dem Gedanken, daß ich aus den preußischen Aemtern austreten solle, zu, und bei Nennung des Namens
Caprivi glaubte ich auf seinem Gesichte den Ausdruck der befriedigten Ueberraschung zu lesen. Derselbe schien schon vorher
Sr. Majestät Candidat gewesen zu sein. Ich konnte danach
vermuthen, daß die kurz nach dem Kronrath vom 24. Januar
erfolgte Berufung des Generals von Hannover nach Berlin zu
einem anderen Zwecke erfolgt sei als zu einer militärischen Besprechung. Merkwürdig war mir, daß Caprivi auch der Candidat Windthorst's war. Zwischen Caprivi und Centrum bestanden Beziehungen seit der Zeit des Culturkampfes und der
Reichsglocke, via Lebbin.

In der Ministersitzung vom 9. Februar deutete ich meine
Absicht an, aus den preußischen Aemtern zurückzutreten. Die
Collegen schwiegen mit verschiedenem Gesichtsausdruck, nur Boetticher sagte einige Worte ohne Tragweite, fragte mich aber nach
der Sitzung, ob er als Ministerpräsident den Rang vor dem
alten Generalobersten von Pape bei Hofe haben würde. Ich
sagte zu meinem Sohne: „Die sagen zu dem Gedanken, mich los
zu werden, Alle Ouf!, erleichtert und befriedigt."

Der Wunsch des Kaisers, daß ich die damals von ihm be-

absichtigte hohe Militärforderung vertreten solle, veranlaßte mich
zu einer wiederholten Prüfung der Verhältnisse, wie sie sich
gestalten würden, wenn ich schon am 20. Februar aus meinen
preußischen Aemtern zurückträte. Ich hatte zu erwägen, daß
die Vertretung der Verdy'schen, und auch minder weitgehender
Vorlagen mit wenig Gewicht und weniger Aussicht auf Erfolg
geschehn würde, wenn ich zu der Zeit nicht mehr in demselben
Maße wie bisher als Träger des kaiserlichen Vertrauens erschiene, nicht mehr als Leiter der preußischen Politik im Bundesrathe auftreten könnte, sondern die Instructionen meiner preußischen Collegen und Nachfolger auszuführen hätte. Unter Entwicklung dieser Gründe empfahl ich daher in einem Vortrage
am 12. Februar dem Kaiser, die Entscheidung über meinen
Rücktritt nicht am 20. Februar eintreten zu lassen, sondern sie
bis nach den ersten gewonnenen oder verlorenen Abstimmungen
des neuen Reichstags über die Militärforderung und Erneuerung des Socialistengesetzes, voraussichtlich bis Mai oder Juni,
aufzuschieben. Se. Majestät, von meinem Vortrage wie mir
schien unangenehm berührt, sagte: „Dann bleibt also einstweilen
Alles beim Alten." Ich erwiderte: „Wie Ew. Majestät befehlen.
Ich fürchte schlechte Wahlen, und es wird der ganzen bisherigen
Autorität bedürfen, um auf den Reichstag zu wirken; mein
früheres Gewicht im Reichstage ist ohnehin vermindert durch
die schon bekannt gewordene Minderung des Allerhöchsten Vertrauens zu mir."

Obwohl ich vollkommen überzeugt war, daß der Kaiser mich
los sein wollte, so ließen meine Anhänglichkeit an den Thron
und meine Zweifel an der Zukunft es mir als eine Feigheit erscheinen davonzugehn, ehe ich alle Mittel erschöpft hätte, um die
Monarchie vor Gefahren zu behüten oder dagegen zu verthei-
digen. Nachdem der Ausfall der Wahlen sich übersehen ließ,
entwickelte ich, in der Ueberzeugung, daß Se. Majestät die bis
dahin mir gegenüber seit Jahren kund gegebene Politik auch

der neuen Wahlsituation gegenüber fortführen wolle, in einem
Vortrage am 25. Februar ein Programm. Wegen der Zu-
sammensetzung des Reichstags und behufs Vertretung der bisherigen Socialpolitik sowie der nöthigen Militärforderungen
hielt ich jetzt mein Verbleiben bis nach den ersten parlamentarischen Kämpfen noch mehr für nothwendig, um unsre Zukunft
gegen die socialistische Gesahr sichern zu helfen. Se. Majestät
würde in Folge der bezüglich der Streiks beobachteten Politik
und der Erlasse vom 4. Februar vielleicht früher, als sonst geschehn wäre, gegen die Socialdemokratie kämpfen müssen; wolle
er das, so würde ich den Kampf gern führen, solle aber Nachgiebigkeit die Parole sein, so sähe ich größere Gesahren voraus;
dieselben würden durch Aufschub der Krisis fortgesetzt wachsen.
Der Kaiser ging darauf ein, wies Nachgiebigkeit von sich und
acceptirte, wie mir schien, während er mir beim Abschiede die
Hand gab, meine Parole No surrender!

Am folgenden Tage hatte er sich gegen seine Umgebung befriedigt über diesen Vortrag geäußert: Er wünsche nur, daß ich
ihm noch mehr den Eindruck bereite, daß er allein regire, und
daß die Maßregeln von ihm ausgingen u. s. w.

In dem Glauben, die Zustimmung des Kaisers zu meinem
Programm zu besitzen und bis etwa zum Juni in meinen
Aemtern zu bleiben, erklärte ich in der Ministersitzung vom
2. März, Se. Majestät sei entschlossen, die Situation zu accep-
tiren und zu sechten. Das Ministerium würde eventuell dazu
reconstruirt werden müssen, ich würde seiner Zeit mein Porte-
feuille zur Verfügung stellen und nach Sr. Majestät letzten
Aeußerungen dann den Auftrag erhalten, ein homogenes, zum
Kampfe gegen die sociale Revolution bereites Ministerium zu
bilden. Der Eindruck, den diese Eröffnung machte, war nicht bei
allen Collegen ein gemüthlicher; der Ausdruck homogen wurde
so verstanden, daß ein aggressives Vorgehen gegen den Socialis-
mus Charakter-Eigenschaften erfordere, welche nicht Alle besaßen.

Am 8. März fand ich Grund, darüber nachzudenken, ob das Verhalten des Kaisers am Schlusse des Vortrags vom 25. Februar aus einer augenblicklichen, seitdem vorübergegangenen Erregung zu erklären oder ob es vielleicht nicht ernst gemeint gewesen sei. Bei Gelegenheit eines Vortrages über andere Gegenstände empfahl mir Se. Majestät, freundlicher gegen Boetticher zu sein; ich antwortete mit einer Beleuchtung seiner Insubordination und seiner Falschheit gegen mich, erwähnte namentlich, daß er, der gesetzlich im Reich mein Untergebner sei und im Staatsministerium nur als adlatus für mich Sitz habe, dennoch im Reichstage, namentlich in der socialen und der Sonntags-Frage, gegen mich werbe und wirke und daß er am 20. Januar Nachmittags den Bundesrath berufen, zum Eingehn auf den Initiativantrag des Reichstags wegen Aufbesserung der Beamtenbesoldungen bewogen und alsdann im Namen der verbündeten Regirungen eine entsprechende Erklärung im Reichstage abgegeben habe, in directem Widerspruche mit meiner ihm an dem Morgen des genannten Tages zugegangenen schriftlichen Anweisung. Ich hatte kaum das Schloß verlassen, als der Kaiser Herrn von Boetticher mit einem sehr gnädigen Briefe den Schwarzen Adlerorden übersandte. Ich war als Vorgesetzter des Decorirten davon nicht unterrichtet, und es unterblieb auch jede nachträgliche Mittheilung an mich.

Ungeachtet dieser gegen mich gerichteten Demonstration erhielt ich bei einem Vortrage am 10. nicht den Eindruck, daß der Kaiser mein Programm aufgegeben habe; Se. Majestät erklärte, an den größeren Militärforderungen festhalten zu wollen, welche der Kriegsminister von Verdy Tags vorher in der Ministersitzung mit Nachdruck als unabweislich entwickelt hatte: die Scharnhorst-Boyen'sche Idee der Ausbildung jedes Waffenfähigen sei bei uns verlassen, von den Franzosen als nation armée aufgenommen; sie würden uns trotz einer um 11 Millionen geringeren Bevölkerung in kurzer Frist um

750000 ausgebildete Mannschaften überlegen sein. In der
Ministersitzung am 12. März wurde über dieselbe Sache ver=
handelt und ergab sich, daß die dauernde Mehrbelastung nach
Durchführung der Verdy'schen Pläne etwas über 100 Mil=
lionen Mark jährlich betragen würde. Auf die Frage, ob
man sich nicht für diesen außerordentlichen Reichstag mit dem
Dringlichsten begnügen könne und die nothwendige Artillerie=
vorlage, die sicher Annahme finden würde, lieber nicht der
Verzögerung einer durch die ganze Forderung bedingten Auf=
lösung aussetzen solle, erklärte Verdy, das Ganze leide keinen
Aufschub. Ich verlangte das Votum der Finanzchefs; Scholz
und Maltzahn waren danach bereit, die Sache in finanzielle
Behandlung zu nehmen. Eine Zukunftsziffer von über 100 Mil=
lionen mehr im Ordinarium des Heeres wurde in Aussicht
genommen und sollte im Laufe von 10 Jahren allmählich ver=
wirklicht werden.

Während ich so für die Ausführung des kaiserlichen Pro=
gramms thätig war, hatte der Kaiser dasselbe, wie ich glauben
muß, aufgegeben, ohne mir eine Mittheilung darüber zu
machen. Ich lasse unentschieden, ob es ihm mit demselben
überhaupt Ernst gewesen ist. Es ist mir später mitgetheilt
worden, daß der Großherzog von Baden, berathen von Herrn
von Marschall, in jenen Tagen den Kaiser vor einer Politik
gewarnt hat, die zu Blutvergießen führen könne; wenn es zu
einem Conflicte käme, „so würde der alte Kanzler wieder im
Vordergrunde stehen".

Für mich lag in der Militärfrage nach heutiger Lage kein
Grund zum Bruch mit dem Reichstage; ich vertrat sie zum
Theil aus Ueberzeugung (Artillerie, Offiziere, Unteroffiziere),
zum Theil weil ich es für die Aufgabe Andrer hielt (Finanz,
Reichstag), dem Kaiser und seinem Verdy in dieser Frage
Widerstand zu leisten.

Ob es solcher Einwirkungen überhaupt bedurft hat, weiß

ich nicht. Der Großherzog kam einige Tage vor dem 9. März, dem Todestage Kaiser Wilhelm's, in Berlin an, und nach meiner Wahrnehmung datirt aus der Zeit zwischen dem 8. und 14. März der Entschluß des Kaisers, das Kampfprogramm fallen zu lassen. Ich vermuthe, daß es ihm widerstrebt hat, sich mir gegenüber offen davon loszusagen, und daß statt dessen zu meinem Bedauern der Weg gewählt worden ist, mir das Verbleiben im Amte bis zu dem verabredeten Junitermine zu verleiden. Die bis dahin üblichen Formen des geschäftlichen Verkehrs mit mir erlitten in jenen Tagen eine einschneidende Aenderung, der ich die Ueberzeugung entnehmen mußte, daß der Kaiser meine Dienste nicht nur für entbehrlich, sondern auch für unwillkommen hielt, und daß Se. Majestät, anstatt mir dies mit der sonstigen Offenheit freundlich zu sagen, mir durch ungnädige Formen den Rücktritt nahe legte. Persönliche Verstimmung war in mir bis dahin nicht aufgekommen. Ich war ehrlich bereit, dem Kaiser an Gestaltung der Dinge nach seinem Willen zu helfen. Diese meine Stimmung wurde erst gestört durch Schritte vom 15., 16. und 17., die mich jeder eignen Verantwortlichkeit für mein Ausscheiden aus dem Dienste enthoben, und durch die Plötzlichkeit der Exmission, die mich nöthigte, meinen ein Menschenalter lang eingerichteten Haushalt auf eintägige Kündigung abzubrechen, ohne daß ich bis heut den eigentlichen Grund des Bruches mit authentischer Sicherheit erfahren hätte.

Achtes Kapitel

Meine Entlassung.

Am 14. März Morgens fragte ich an, ob ich an diesem
oder dem folgenden Tage zum Immediatvortrag kommen solle,
erhielt aber keine Antwort. Meine Absicht war, dem Kaiser über
eine Unterredung, die ich am 12. mit Windthorst gehabt hatte,
und über gewisse Mittheilungen, die aus Rußland eingegangen
waren, zu berichten. Am 15. Morgens um 9 Uhr wurde
ich mit der Meldung geweckt, Se. Majestät habe eben sagen
lassen, ich solle um 9½ im „Auswärtigen Amte" Vortrag halten,
worunter nach der bisherigen Gepflogenheit die Amtswohnung
meines Sohnes zu verstehn war. Wir empfingen dort den
Kaiser. Auf meine Bemerkung, ich wäre fast zu spät gekommen,
weil ich erst vor 25 Minuten mit Sr. Majestät Befehl geweckt
worden sei, erwiderte der Kaiser: „So — ich habe die Bestellung gestern Nachmittag hinausgegeben." Später ergab sich,
daß er erst nach 10 Uhr Abends den Vortrag festgesetzt hatte
und daß Abendaustrag vom Schlosse in der Regel nicht Statt
findet. Ich begann meinen Vortrag: „Ich kann Ew. Majestät
melden, daß Windthorst aus dem Bau gekommen ist und mich
aufgesucht hat." Der Kaiser rief darauf aus: „Nun, Sie haben
ihn doch natürlich zur Thür hinauswerfen lassen?" Ich erwiderte, während mein Sohn das Zimmer verließ, daß ich
Windthorst natürlich empfangen hätte, wie ich es mit jedem
Abgeordneten, dessen Manieren ihn nicht unmöglich machten,
als Minister stets gehalten hätte und zu thun verpflichtet sei,
wenn ein solcher sich anmelde. Der Kaiser erklärte, ich hätte
vorher bei ihm anfragen müssen. Ich widersprach und vin-

dicirte mir die Freiheit, in meinem Hause Besuche zu empfangen und namentlich solche, die anzunehmen ich amtlich die Pflicht oder einen Grund hätte. Der Kaiser bestand auf seinem An= spruche mit dem Hinzufügen, er wisse, daß Windthorst's Besuch durch den Bankier von Bleichröder vermittelt worden sei; „Juden und Jesuiten" hielten immer zusammen. Ich erwiderte, es sei viel Ehre für mich, daß Se. Majestät über die innern Vorgänge in meinem Hause so genau informirt sei; es sei richtig, daß Windthorst Bleichröder's Vermittlung nachgesucht, vermuthlich aus irgend einer Berechnung, da er wußte, daß jeder Abgeordnete jederzeit Zutritt bei mir hatte. Die Wahl des Vermittlers sei aber von Windthorst und nicht von mir ausgegangen und gehe mich nichts an. Bei der Constellation in dem neuen Reichstage sei es für mich wichtig gewesen, den Feldzugsplan des Führers der stärksten Fraction zu kennen, und mir willkommen, daß dieser unerwartet um Empfang ge= beten. Ich hätte in der Unterredung constatirt, daß Windthorst unmögliche Forderungen (status quo ante 1870) zu stellen be= absichtige. Seine Absichten zu ermitteln, sei für mich ein ge= schäftliches Bedürfniß gewesen. Wenn Se. Majestät aus diesem Anlasse mir einen Vorwurf machen wolle, so sei das gerade so, als wenn Se. Majestät seinem Generalstabschef im Kriege untersagen wolle, den Feind zu recognosciren. Ich könnte mich einer solchen Controlle in Einzelheiten und in meiner persönlichen Bewegung im eignen Hause nicht unterwerfen. Der Kaiser verlangte das aber peremptorisch mit der Frage: „Auch nicht, wenn Ihr Souverän es befiehlt?" Ich beharrte in Ablehnung.

Ueber Windthorst's Pläne fragte der Kaiser mich nicht, son= dern hub an: „Ich erhalte gar keine Vorträge mehr von meinen Ministern; es ist mir gesagt worden, Sie hätten ihnen verboten, mir ohne Ihre Zustimmung oder Gegenwart Vorträge zu halten, und sich dabei auf eine alte vergilbte Ordre gestützt, die schon ganz vergessen war."

Ich erklärte, die Sache läge nicht so. Jene Ordre vom 8. September 1852, die seit unsrem Verfassungsleben in Kraft stände, sei für jeden Ministerpräsidenten unentbehrlich; sie verlange nur, daß er bei wichtigen principiellen neuen Anregungen vor Einholung der Allerhöchsten Entscheidung unterrichtet werde, da er anders die Gesammtverantwortung nicht tragen könne; wo ein Ministerpräsident existire, müsse auch der Inhalt jener Ordre maßgebend sein. Der Kaiser behauptete, die Ordre schränke seine königliche Prärogative ein, er verlange ihre Zurücknahme. Ich machte darauf aufmerksam, daß die drei Vorgänger Sr. Majestät mit jener Ordre regirt hätten; es habe seit 1862 kein Bedürfniß vorgelegen, auf dieselbe Bezug zu nehmen, weil sie als selbstverständlich stets beobachtet worden sei. Ich hätte sie jetzt in Erinnerung bringen müssen, um meine Autorität gegenüber Ministern zu wahren, die sie unbeachtet gelassen hätten. Die Vorträge der Minister würden durch die Ordre nicht eingeschränkt, nur eine Mittheilung an den Premierminister bedingt, wenn neue allgemeine Einrichtungen bei Sr. Majestät angeregt werden sollten, damit Jener in der Lage sei, in Fällen, die ihm wichtig schienen, seine eventuell abweichende Auffassung in gemeinschaftlichem Vortrage zur Geltung zu bringen. Der König könne dann immer nach seinem Ermessen entscheiden; es sei unter Friedrich Wilhelm IV. mehr als einmal vorgekommen, daß der König dann gegen den Premierminister entschieden habe.

Ich brachte sodann an der Hand eingegangner Depeschen den Besuch in Rußland zur Sprache, zu dem Se. Majestät sich für den Sommer angemeldet hatte*). Ich erneuerte meine Abmahnung und unterstützte sie durch die Erwähnung geheimer Berichte aus Petersburg, die Graf Hatzfeldt aus London eingesandt habe; sie enthielten ungünstige angebliche Aeußerungen

---

*) Siehe S. 49 unten.

des Zaren über Se. Majestät und über den letzten Besuch, den
Se. Majestät ihm gemacht. Der Kaiser verlangte, daß ich ihm
einen Bericht der Art, den ich in der Hand hielt, vorlese. Ich
erklärte, ich könnte mich dazu nicht entschließen, weil der wört=
liche Inhalt ihn verletzen würde. Der Kaiser nahm mir das
Schriftstück aus der Hand, las es und schien von dem Wort=
laut der angeblichen zarischen Aeußerungen mit Recht verletzt.

Die dem Kaiser Alexander von angeblichen Ohrenzeugen
zugeschriebenen Aeußerungen über den Eindruck, den sein Vetter
bei seinem letzten Besuche in Peterhof ihm gemacht habe, waren
in der That so unerfreulich, daß ich Bedenken getragen hatte,
diese ganze Berichterstattung überhaupt gegen Se. Majestät zu
erwähnen. Ich hatte ohnehin keine Sicherheit, daß die Quellen
und die Meldungen des Grafen Hatzfeldt authentisch waren;
die Fälschungen, welche 1887 dem Kaiser Alexander von Paris
aus in die Hand gespielt und von mir mit Erfolg entkräftet
worden waren, ließen mich an die Möglichkeit denken, daß
man von andrer Seite in ähnlicher Richtung durch Fälschungen
auf unsren Monarchen zu wirken suchen wolle, um ihn gegen
den russischen Verwandten zu verstimmen und in den englisch=
russischen Streitfragen zum Feinde Rußlands, also direct oder
indirect zum Bundesgenossen Englands zu machen. Wir leben
zwar nicht mehr in der Zeit, wo verletzende Witze Friedrich's
des Großen die Kaiserin Elisabeth und die Frau von Pompa=
dour, also damals Frankreich, zu Gegnern Preußens machten.
Immerhin konnte ich es nicht über mich gewinnen, die
Aeußerungen, welche dem Zaren zugeschrieben wurden, meinem
eignen Souverän vorzulesen oder mitzutheilen. Auf der andren
Seite aber hatte ich zu erwägen, daß der Kaiser erfahrungs=
mäßig von dem Mißtrauen beseelt war, als ob ich ihm De=
peschen von Wichtigkeit vorenthielte, und daß seine Ermittlungen
darüber, ob dies geschähe, sich nicht auf directe Nachfragen bei
mir beschränkten. Der Kaiser hat zu seinen Ministern nicht

immer dasselbe Vertrauen wie zu deren Untergebnen, und
Graf Hatzfeldt als nützlicher und fügsamer Diplomat genoß
unter Umständen mehr Vertrauen als sein Vorgesetzter. Er
konnte also leicht bei Begegnungen in Berlin oder London die
Frage an Se. Majestät richten, ob und welchen Eindruck diese
auffälligen und wichtigen Meldungen dem Kaiser gemacht
hätten; und wenn sich dann ergab, daß ich sie unbenutzt zu den
Acten gelegt hatte — was mir das liebste gewesen wäre —,
so würde der Kaiser mir in Gedanken oder in Worten
vorgeworfen haben, daß ich im russischen Interesse ihm
Depeschen verheimlicht hätte, wie das ja einen Tag später
bezüglich militärischer Berichte eines Consuls der Fall war.
Außerdem fiel mein Wunsch, den Kaiser zum Verzicht auf den
zweiten Besuch in Petersburg zu bewegen, gegen das voll-
ständige Verschweigen der Hatzfeldt'schen Angaben ins Gewicht.
Ich hatte gehofft, der Kaiser werde meiner bestimmten Wei-
gerung, ihm die Anlagen des Hatzfeldt'schen Berichts mitzutheilen, Gehör schenken, wie sein Vater und sein Großvater
ohne Zweifel gethan haben würden, und hatte mich deshalb
auf die Umschreibung dieser Anlagen beschränkt mit der Andeutung, daß aus denselben hervorginge, dem Zaren sei der
kaiserliche Besuch nicht willkommen, sein Unterbleiben werde
ihm lieber sein. Der Wortlaut, dessen Lesung der Kaiser sich
mit eigner Hand ermöglichte, hat ihn ohne Zweifel schwer ge-
kränkt und war dazu angethan.

Er erhob sich und reichte mir kühler wie sonst die Hand, in
welcher er den Helm hielt. Ich begleitete ihn bis an die
Freitreppe vor der Hausthür. Im Begriff, unter den Augen
der Dienerschaft in den Wagen zu steigen, sprang er die
Stufen wieder hinauf und schüttelte mir mit Lebhaftigkeit die
Hand.

Wenn schon die ganze Art des kaiserlichen Verhaltens mir
gegenüber nur den Eindruck machen konnte, daß Se. Majestät

mir den Dienst verleiden und meine Verstimmung bis zum
Abschiedsgesuche steigern wollte, so glaube ich, daß die be=
rechtigte Empfindlichkeit über die Beleidigungen, welche Graf
Hatzfeldt, gleichviel aus welchen Gründen, eingesandt hatte, den
Kaiser mir gegenüber in dieser Taktik augenblicklich belebte.
Auch selbst wenn die Aenderung des Kaisers in seiner Form
und Rücksicht mir gegenüber nicht den Zweck gehabt haben
sollte, der mir gelegentlich suppeditirt worden war, nämlich
festzustellen, wie lange meine Nerven hielten, so liegt es doch
in der monarchischen Tradition, die Kränkung, welche eine Bot=
schaft für den König enthalten kann, den Träger oder Ueber=
bringer derselben zunächst entgelten zu lassen. Die Geschichte
der alten und der neuen Zeit führt Beispiele an von Boten,
die Opfer königlichen Zorns wegen des Inhalts einer Botschaft
wurden, die sie nicht verfaßt hatten.

Im Verlaufe des Vortrages erklärte der Kaiser ganz un=
vermittelt, er wolle eine Auflösung des Reichstags jedenfalls
vermeiden und deßhalb die Militärforderungen auf das Maß
herabsetzen, welches mit Sicherheit eine Majorität finden werde.
Meine Audienz und mein Vortrag ließen mir hiernach den
Eindruck, daß der Kaiser mich los sein wolle, daß er seine
Absicht geändert habe, mit mir die ersten Verhandlungen mit
dem neuen Reichstage noch durchzumachen und die Frage
unsrer Trennung erst im Anfange des Sommers, nachdem
man sich klar sei, ob eine Auflösung des neuen Reichstags
nöthig sei oder nicht, zur Entscheidung zu bringen. Ich denke
mir, daß der Kaiser diese am 25. Februar getroffne quasi
Abrede zwischen uns nicht zurücknehmen wollte, sondern nun
versuchte, mich durch ungnädige Behandlung zu dem Gesuche
um meinen Abschied zu bringen. Indessen ließ ich mich nicht
in meinem Entschlusse irre machen, mein persönliches Empfinden
dem Dienstinteresse unterzuordnen.

Ich fragte bei Abschluß des Vortrages, ob Se. Majestät

dabei beharrte, mir die ausdrückliche Zurücknahme der Ordre
von 1852, auf welcher die Stellung des Ministerpräsidenten
beruhte, zu befehlen. Die Antwort war ein kurzes Ja. Ich
faßte darauf noch nicht den Entschluß zum sofortigen Rücktritt,
sondern nahm mir vor, den Befehl, wie man sagt, „in's
Sonntagsfach" zu nehmen und abzuwarten, ob die Ausführung
monirt wurde, dann eine schriftliche Ordre zu erbitten und
diese im Staatsministerium zum Vortrage zu bringen. Ich
war also auch damals noch überzeugt, daß ich nicht die Initiative und damit die Verantwortlichkeit für mein Ausscheiden zu
übernehmen habe.

Am folgenden Tage, während die englischen Conferenz-
Delegirten bei mir zu Tische waren, erschien der Chef des
Militärcabinets General von Hahnke und besprach des Kaisers
Forderung, die fragliche Ordre zu cassiren. Ich erklärte das
aus den oben angegebenen sachlichen Gründen für geschäftlich
unthunlich. Ein Ministerpräsidium ließe sich ohne die ihm
durch die Ordre zugesprochene Befugniß nicht führen; wolle
Se. Majestät die Ordre cassiren, so müsse mit dem Titel
„Präsident des Staatsministeriums" dasselbe geschehen, wo-
gegen ich dann nichts hätte. General von Hahnke verließ mich
mit der Aeußerung, die Sache werde sich sicher vermitteln
lassen, was er übernahm. (Die Ordre ist auch nach meiner
Entlassung ni ch t aufgehoben worden*).

---

*) In der Sitzung des preußischen Landtages vom 28. April 1892
hat Graf Eulenburg nach den vorliegenden Berichten über die Stellung
des Ministerpräsidenten folgendes erklärt: „Daß die Aufgabe des
preußischen Ministerpräsidenten nicht blos darin besteht, die Verhandlungen zu leiten und die Stimmen zu zählen, glaube ich, bedarf keines
Beweises; es ist die Aufgabe des Vorsitzenden des preußischen Staatsministeriums, für einen gleichmäßigen und in gleicher Richtung sich bewegenden Gang der Staatsgeschäfte zu sorgen und das Gesammt-
ministerium, wo es nöthig ist, zu repräsentiren. Ich glaube also, daß
die von jener Seite geäußerte Meinung, daß sein Antheil sehr un-

Am folgenden Morgen, 17. März, kam Hahnke wieder, um mir mit Bedauern mitzutheilen, Se. Majestät bestände auf Zurücknahme der Ordre und erwarte nach dem Berichte, welchen er, Hahnke, ihm über seine gestrige Unterredung mit mir erstattet habe, daß ich sofort meinen Abschied einreiche; ich solle am Nachmittage auf das Schloß kommen, um mir denselben zu holen. Ich erwiderte, ich sei dazu nicht wohl genug und würde schreiben.

An demselben Morgen kam eine Anzahl von Berichten von Sr. Majestät zurück, darunter einige von einem Consul in Rußland. Denselben lag ein offnes, also durch die Büros gegangenes Handbillet Sr. Majestät bei, also lautend:

„Die Berichte lassen auf das Klarste erkennen, daß die Russen im vollsten strategischen Aufmarsch sind, um zum Kriege zu schreiten — Und muß ich es sehr bedauern, daß ich so wenig von den Berichten erhalten habe. Sie hätten mich schon längst auf die furchtbar drohende Gefahr aufmerksam machen können! Es ist die höchste Zeit, die Oestreicher zu warnen, und Gegenmaßregeln zu treffen. Unter solchen Umständen ist natürlich an eine Reise nach Krasnoe meinerseits nicht mehr zu denken.

Die Berichte sind vorzüglich.　　　　　　　　W."

Der Thatbestand war folgender. Der betreffende Consul, der selten sichere Gelegenheiten fand, hatte auf einmal vierzehn mehr

---

bedeutend sei, der Begründung entbehrt. (Beifall.)" Aus dieser Aeußerung darf man den Schluß ziehen, daß auch heute die Aufhebung der Cabinetsordre vom Jahre 1852 über die Befugnisse des Ministerpräsidenten, die bei meiner Entlassung eine hervorragende Rolle gespielt hat, nicht erfolgt ist; denn wenn sie wirklich aufgehoben wäre, so würde der Ministerpräsident Graf Eulenburg kaum in der Lage sein, das Programm, das er in obigen Worten aufgestellt hat und das sich der vollen Zustimmung des Abgeordnetenhauses erfreute, thatsächlich durchzuführen.

oder weniger voluminöse, zusammen über hundert Seiten starke
Berichte eingesandt, deren ältester mehrere Monate alt, dessen
Inhalt also muthmaßlich für unsren Generalstab nicht neu war.
Für die Behandlung der Berichte militärischen Inhalts bestand
die Praxis, daß diejenigen, die nicht wichtig und dringend ge=
nug erschienen, um von dem Auswärtigen Amte direct dem
Kaiser vorgelegt zu werden, unter der Doppeladresse 1) an den
Kriegsminister, 2) an den Chef des Generalstabs zur Kenntniß=
nahme und mit der Bitte um Rückgabe gesandt wurden. Sache
des Generalstabs war es, militärisch Neues und Bekanntes,
Wichtiges und Unwichtiges zu sondern und das Erstere durch
das Militärcabinet zur Kenntniß Sr. Majestät zu bringen. In
dem vorliegenden Falle hatte ich vier von den Berichten, ge=
mischt politischen und militärischen Inhalts, direct dem Kaiser
vorgelegt, sechs ausschließlich militärische unter der obigen Doppel=
adresse abgehen lassen und die vier übrigen dem betreffenden
Rathe zum Vortrag geschrieben, um zu sehn, ob sie etwas ent=
hielten, was höherer Entscheidung bedurfte. Der Kaiser mußte
im Widerspruch mit dem üblichen und allein möglichen Ge=
schäftsgange angenommen haben, daß ich diejenigen Berichte,
die ich dem Generalstabe geschickt, ihm hätte vorenthalten wollen.
Ich würde freilich, wenn ich Dinge vor Sr. Majestät geheim
halten wollte, nicht gerade dem Generalstabe, dessen Leiter nicht
alle meine Freunde waren, beziehungsweise dem Kriegsminister
von Verdy die unehrliche Geheimhaltung von Actenstücken zu=
gemuthet haben.

Also, weil ein Consul einige, zum Theil drei Monat alte mili=
tärische Vorgänge aus dem Bereich seiner Wahrnehmung be=
richtet hatte, unter anderem die dem Generalstab bekannte Ver=
setzung einiger Sotnien Kosaken nach der östreichischen Grenze,
sollte Oestreich in Alarm gesetzt, Rußland bedroht, der Krieg
vorbereitet und der Besuch, zu dem Se. Majestät sich aus eig=
nem Antriebe angemeldet hatte, aufgegeben werden; und weil

die Berichte des Consuls verspätet eingegangen, wurde mir
implicite der Vorwurf des Landesverraths gemacht, der Vor-
enthaltung von Thatsachen, um eine von außen drohende Gefahr zu vertuschen. Ich wies in einem sofort erstatteten Im-
mediatberichte nach, daß alle nicht von dem Auswärtigen Amte
aus direct dem Kaiser vorgelegten Berichte des Consuls unver-
züglich dem Kriegsminister und dem Generalstabe übersandt
waren. Nachdem mein Bericht (der nach einigen Tagen ohne
irgend ein Marginale, also ohne Zurücknahme der schweren
Beschuldigung an das Auswärtige Amt zurückgelangte) abge-
gangen war, berief ich auf den Nachmittag eine Ministersitzung.

Ich mußte es als eine Laune des Zufalls ansehn, und die
Geschichte wird es vielleicht verhängnißvoll zu nennen haben,
daß am Vormittage desselben Tages der in der Nacht aus
Petersburg eingetroffne Botschafter Graf Paul Schuwalow
sich bei mir mit der Erklärung meldete, er sei ermächtigt, in
gewisse Vertragsverhandlungen*) einzutreten, und daß diese
Verhandlungen sich demnächst zerschlugen, als ich nicht Reichskanzler blieb.

Für die in der Ministersitzung abzugebende Erklärung hatte
ich folgenden Entwurf gemacht:

„Ich bezweifle, daß ich die mir obliegende Verantwortlichkeit für die Politik des Kaisers noch länger tragen kann, da
mir derselbe die hierfür unerläßliche Mitwirkung nicht ein-
räumt. Es ist mir überraschend gewesen, daß Se. Majestät
über die sogenannte Arbeiterschutzgesetzgebung mit Boetticher,
aber ohne Benehmung mit mir und dem Staatsministerium,
definitive Entschließungen gefaßt hat; ich sprach damals die

---

*) Ueber Verlängerung eines im Juni 1890 ablaufenden Ver-
trages, der uns für den Fall, daß wir von Frankreich angegriffen
würden, die Neutralität Rußlands sicherte.

Befürchtung aus, daß dieses Verfahren während der Reichstagswahlen Aufregung erzeugen, unerfüllbare Erwartungen
hervorrufen und bei der Unerfüllbarkeit derselben schließlich
das Ansehn der Krone schädigen werde. Ich hoffte, daß
Gegenvorstellungen des Staatsministeriums Se. Majestät zum
Verzichte auf die kundgegebnen Absichten bewegen würden,
fand jedoch keine Mitwirkung meiner Collegen, sondern bei
meinem nächsten Vertreter Herrn von Boetticher ein schon
ohne mich festgestelltes Einverständniß mit den kaiserlichen Anregungen, und überzeugte mich, daß mehrere Collegen das
Eingehn darauf für rathsam erachteten. Schon hiernach mußte
ich bezweifeln, ob ich als Präsident des Staatsministeriums
noch die sichere Autorität besäße, deren ich zur verantwortlichen Leitung der Gesammtpolitik bedurfte. Ich habe erfahren,
daß der Kaiser jetzt nicht nur mit einzelnen der Herren Minister, sondern mit einzelnen der mir untergebnen Räthe und
anderen Beamten verhandelt hat, namentlich hat der Herr
Handelsminister ohne vorherige Verständigung mit mir ein-
greifende Immediatvorträge gehalten. Ich habe Herrn von
Berlepsch darauf die ihm unbekannte Ordre vom 8. September 1852 mitgetheilt, und nachdem ich mich überzeugt, daß
dieselbe überhaupt nicht allen Ministern, insbesondere nicht
meinem Vertreter Herrn von Boetticher gegenwärtig war,
jedem eine Abschrift zugehn lassen und in dem Uebersendungs-
schreiben hervorgehoben, daß ich die Ordre nur auf Immediatvorträge beziehe, welche Aenderungen der Gesetzgebung und
der bestehenden Rechtsverhältnisse bezweckten. In diesem Sinne
mit Takt gehandhabt, enthält die Ordre nicht mehr, als für
jeden Präsidenten des Staatsministeriums unerläßlich ist. Se.
Majestät, von irgend welcher Seite über diesen Vorgang unterrichtet, hat mir befohlen, daß die Ordre außer Kraft gesetzt
werde. Ich habe meine Mitwirkung dazu ablehnen müssen.

Ein weitres Zeichen mangelnden Vertrauens hat Se.

Majestät mir durch die Vorhaltung gegeben, daß ich ohne Allerhöchste Erlaubniß den Abgeordneten Windthorst nicht hätte empfangen dürfen. Heute habe ich mich überzeugt, daß ich auch die auswärtige Politik Sr. Majestät nicht mehr vertreten kann. Ungeachtet meines Vertrauens auf die Tripelallianz habe ich die Möglichkeit, daß dieselbe einmal versagen könne, nie aus den Augen verloren, weil in Italien die Monarchie nicht auf starken Füßen steht, die Eintracht zwischen Italien und Oestreich durch die Irredenta gefährdet, in Oestreich nur die Zuverlässigkeit des regirenden Kaisers einen Umschlag bei dessen Lebzeiten ausschließt und die Haltung Ungarns nie sicher zu berechnen ist. Ich bin deshalb stets bestrebt gewesen, die Brücke zwischen uns und Rußland nie ganz abzubrechen." (Folgt Mittheilung des Allerhöchsten Handschreibens betreffend die militärischen Berichte eines Consuls, vgl. S. 88.) „Ich bin überhaupt nicht verpflichtet, Sr. Majestät alle Berichte vorzulegen, habe es aber in dem vorliegenden Falle gethan, theils direct, theils durch den Generalstab, und bin bei meinem Vertrauen in die friedlichen Absichten des Kaisers von Rußland außer Stande, die Maßregeln zu vertreten, die Se. Majestät mir befiehlt.

Meine Vorschläge bezüglich der Stellung zum Reichstage und einer eventuellen Auflösung desselben hatte Se. Majestät gebilligt, ist aber jetzt der Meinung, die Militärvorlage sei nur soweit einzubringen, als man auf ihre Annahme durch den jetzigen Reichstag rechnen könne. Der Kriegsminister hat sich neulich für die ungetheilte Einbringung ausgesprochen, und wenn man Gefahr gleichzeitig von Rußland kommen sähe, so wäre das das Richtige.

Ich nehme also an, daß ich mit meinen Collegen nicht mehr in voller Uebereinstimmung bin, wie ich auch das Vertrauen Sr. Majestät nicht mehr im ausreichenden Maße besitze. Ich freue mich, wenn ein König von Preußen selbst regiren will, erkenne die Nachtheile meines Rücktritts für die öffentlichen Interessen, sehne mich auch, da meine Gesundheit jetzt gut ist, nicht nach einem arbeitslosen Leben; aber ich fühle, daß ich dem Kaiser im Wege bin, und bin amtlich durch das Cabinet benachrichtigt, daß derselbe meinen Rücktritt wünscht. Ich habe daher auf Allerhöchsten Befehl meine Dienstentlassung erbeten."

Nachdem ich eine dieser Skizze entsprechende Erklärung abgegeben hatte, befürwortete der Vicepräsident des Staatsministeriums Herr von Boetticher den früher von mir ausgesprochenen Gedanken, mich auf die Leitung der auswärtigen Angelegenheiten zu beschränken. Der Finanzminister erklärte, die Ordre vom 8. September 1852 gehe durchaus nicht über das Erforderliche hinaus und er schließe sich der Bitte des Herrn von Boetticher an, daß nach einem Ausgleich gesucht werden möge. Wenn ein solcher nicht zu finden sei, so werde das Staatsministerium erwägen müssen, ob es sich nicht meinem Schritte anzuschließen habe. Die Minister des Cultus und der Justiz waren der Ansicht, es handle sich doch nur um ein Mißverständniß, über welches Se. Majestät aufzuklären sei, und der Kriegsminister fügte hinzu, er habe seit langer Zeit kein Wort von Sr. Majestät vernommen, welches auf kriegerische Verwicklungen mit Rußland Bezug habe. Der Minister der öffentlichen Arbeiten bezeichnete meinen Rücktritt als ein Unglück für die Sicherheit des Landes und die Ruhe Europa's; wenn es nicht gelänge, denselben zu verhindern, so müßten seiner Meinung nach die Minister ihre Aemter zur Verfügung Sr. Majestät stellen, er selbst wenigstens habe die Absicht, das zu thun. Der Minister für Landwirthschaft erklärte, wenn ich überzeugt sei, daß mein Rücktritt Allerhöchsten Orts gewünscht werde, so ließe sich von diesem Schritte nicht abrathen. Das Staatsministerium müsse jedenfalls erwägen, was es zu thun habe, wenn ich meinen Abschied erhielte. Nach einigen persönlichen Bemerkungen des Handelsministers und des Kriegsministers schloß ich die Sitzung *).

Nach der Sitzung machte mir der Herzog von Coburg einen einstündigen Besuch, bei dem seinerseits nichts Bemerkens-werthes zur Sprache kam.

Bald nach Tische erschien Lucanus, der Chef des Civil-cabinets, und richtete zögernd den Auftrag Sr. Majestät aus, zu fragen, „weshalb das am Morgen erforderte Abschiedsgesuch noch nicht eingegangen sei". Ich erwiderte, der Kaiser könne mich ja zu jeder Stunde ohne meinen Antrag entlassen, und ich könne nicht beabsichtigen, gegen seinen Willen in seinem Dienste zu bleiben; mein Abschiedsgesuch wolle ich aber so einrichten, daß ich es demnächst veröffentlichen könne. Nur in dieser Absicht entschließe ich mich überhaupt, ein solches einzu-reichen. Ich gedächte nicht, die Verantwortlichkeit für meinen Rücktritt selbst zu übernehmen, sondern sie Sr. Majestät zu überlassen; die Gelegenheit zur öffentlichen Klarstellung der Genesis, zu der Lucanus meine Berechtigung bestritt, werde sich schon finden.

Während Lucanus diesen Auftrag ohne Motive ausrichtete, mußte meine bis dahin gleichmüthige Stimmung naturgemäß einem Gefühl der Kränkung weichen, das sich steigerte, als Caprivi, noch ehe ich den Bescheid auf mein Abschiedsgesuch erhalten hatte, von einem Theile meiner Dienstwohnung Be-sitz nahm. Darin lag eine Exmission ohne Frist, die ich nach meinem Alter und der Länge meiner Dienstzeit wohl nicht mit Unrecht als eine Roheit ansah. Ich bin noch heute nicht von den Folgen dieser meiner überhasteten Exmission frei. Unter

---

*) Das amtliche Protokoll derselben, welches bei allen Ministern, wie üblich, zur Correctur circulirt hatte, ist nach einer späteren Mit-theilung des Ministers von Miquel aus den Acten verschwunden und, wahrscheinlich auf Veranlassung des Vicepräsidenten Boetticher, ver-nichtet worden. [S. Anlage II, unten S. 163.]

Wilhelm I. war dergleichen unmöglich, auch bei unbrauchbaren Beamten.

Am 18. März Nachmittags schickte ich mein Entlassungsgesuch ein.

Mein Entwurf zu dem Abschiedsgesuch lautete:

„Bei meinem ehrfurchtsvollen Vortrage am 15. d. M. haben Euere Majestät mir befohlen, einen Ordre-Entwurf vorzulegen, durch welchen die Allerhöchste Ordre vom 8. September 1852, welche die Stellung des Ministerpräsidenten seinen Collegen gegenüber seither regelte, außer Geltung gesetzt werden soll.

Ich gestatte mir über die Genesis und die Bedeutung dieser Ordre nachstehende alleruntertänigste Darlegung:

Für die Stelle eines ‚Präsidenten des Staatsministeriums‘ war zur Zeit des absoluten Königthums kein Bedürfniß vorhanden, und wurde zuerst auf dem Vereinigten Landtage 1847 durch die damaligen liberalen Abgeordneten (Mevissen) auf das Bedürfniß hingewiesen, verfassungsmäßige Zustände durch Ernennung eines ‚Premierministers‘ anzubahnen, dessen Aufgabe sein würde, die Einheitlichkeit der Politik der verantwortlichen Minister zu überwachen und herbeizuführen und die Verantwortung für die Gesammtergebnisse der Politik des Cabinets zu übernehmen. Mit dem Jahre 1848 trat die constitutionelle Gepflogenheit bei uns in's Leben und wurden ‚Präsidenten des Staatsministeriums‘ ernannt, wie Graf Arnim, Camphausen, Graf Brandenburg, Freiherr von Manteuffel, Fürst von Hohenzollern, an deren Namen die Verantwortlichkeit in erster Linie haftete, nicht für ein Ressort, sondern für die Gesammtpolitik des Cabinets, also der Gesammtheit der Ressorts. Die meisten dieser Herren hatten kein eigenes Ressort, sondern nur das Präsidium; so der Fürst von Hohenzollern, der Minister von Auerswald, Prinz Hohenlohe. Aber

es lag ihnen ob, in dem Staatsministerium und in dessen
Beziehungen zum Monarchen diejenige Einheit und Stetigkeit
zu erhalten, ohne welche eine ministerielle Verantwortlichkeit,
wie sie das Wesen des Verfassungslebens bildet, nicht durch-
führbar ist.   Das Verhältniß des Staatsministeriums und
seiner einzelnen Mitglieder zu dieser neuen Institution des
Ministerpräsidenten bedurfte sehr bald einer näheren, der Verfassung entsprechenden Regelung, wie sie im Einverständnisse
mit dem damaligen Staatsministerium durch die Ordre vom
8. September 1852 erfolgt ist.   Diese Ordre ist seitdem ent-
scheidend für die Stellung des Ministerpräsidenten zum Staatsministerium geblieben, und sie allein gab dem Ministerpräsidenten die Autorität, welche es ihm ermöglicht, dasjenige Maß
von Verantwortlichkeit für die Gesammtpolitik des Cabinets zu
übernehmen, welches im Landtage und in der öffentlichen Meinung ihm zugemuthet wird.   Wenn jeder einzelne Minister
Allerhöchste Anordnungen extrahiren kann, ohne vorgängige
Verständigung mit seinen Collegen, so ist eine einheitliche
Politik, für welche Jemand verantwortlich sein kann, im
Cabinet nicht möglich.   Keinem der Minister, und namentlich
dem Ministerpräsidenten nicht, bleibt die Möglichkeit, für die
Gesammtpolitik des Cabinets die verfassungsmäßige Verantwortlichkeit zu tragen.   In der absoluten Monarchie war eine Bestimmung, wie die Ordre von 1852 sie enthält, entbehrlich und
würde es auch heut sein, wenn wir zum Absolutismus, ohne
ministerielle Verantwortlichkeit, zurückkehrten.   Nach den zu
Recht bestehenden verfassungsmäßigen Einrichtungen aber ist
eine präsidiale Leitung des Minister-Collegiums auf der Basis
des Princips der Ordre von 1852 unentbehrlich.   Hierüber
sind, wie in der gestrigen Staatsministerialsitzung festgestellt
wurde, meine sämmtlichen Collegen mit mir einverstanden und
auch darüber, daß jeder meiner Nachfolger im Ministerpräsidium die Verantwortlichkeit für sein Amt nicht würde tragen

können, wenn ihm die Autorität, welche die Ordre von 1852 verleiht, mangelte. Bei jedem meiner Nachfolger wird dies Bedürfniß noch stärker hervortreten wie bei mir, weil ihm nicht sofort die Autorität zur Seite stehn wird, die mir ein langjähriges Präsidium und das Vertrauen der beiden hoch= seligen Kaiser verliehen hat. Ich habe bisher niemals das Bedürfniß gehabt, mich meinen Collegen gegenüber auf die Ordre von 1852 ausdrücklich zu beziehen. Die Existenz der= selben und die Gewißheit, daß ich das Vertrauen der hoch= seligen Kaiser Wilhelm und Friedrich besaß, genügten, um meine Autorität im Collegium sicher zu stellen. Diese Gewiß= heit ist heut aber weder für meine Collegen noch für mich selbst vorhanden. Ich habe deshalb auf die Ordre von 1852 zurückgreifen müssen, um die nöthige Einheit des Dienstes Euerer Majestät sicher zu stellen.

Aus vorstehenden Gründen bin ich außer Stande, Euerer Majestät Befehl auszuführen, laut dessen ich die Aufhebung der vor Kurzem von mir neu in Erinnerung gebrachten Ordre von 1852 selbst herbeiführen und contrasigniren, trotzdem aber das Präsidium des Staatsministeriums weiterführen soll.

Nach den Mittheilungen, die mir der Generallieutenant von Hahnke und der Geheime Cabinetsrath von Lucanus gestern gemacht haben, kann ich nicht im Zweifel darüber sein, daß Euere Majestät wissen und glauben, daß es für mich nicht möglich ist, die Ordre aufzuheben und dennoch Minister= präsident zu bleiben. Dennoch haben Euere Majestät den mir am 15. d. M. gegebenen Befehl aufrecht erhalten und mir in Aussicht gestellt, mein dadurch nothwendig werdendes Ent= lassungsgesuch zu genehmigen.

Nach früheren Besprechungen, die ich mit Euerer Majestät über die Frage hatte, ob Allerhöchstdenselben mein Verbleiben im Dienste unerwünscht sein würde, durfte ich annehmen, daß es Allerhöchstdenselben genehm sein würde, wenn ich auf meine

Stellungen in Allerhöchstdero preußischen Diensten verzichtete,
im Reichsdienste aber bliebe. Ich habe nur nach näherer
Prüfung dieser Frage erlaubt, auf einige bedenkliche Conse=
quenzen dieser Theilung meiner Aemter, namentlich bezüglich
künftigen Auftretens des Kanzlers im Reichstage, in Ehrfurcht
aufmerksam zu machen, und enthalte mich, alle Folgen, welche
eine solche Scheidung zwischen Preußen und dem Reichskanzler
haben würde, hier zu wiederholen. Euere Majestät geruhten
darauf zu genehmigen, daß einstweilen ‚Alles beim Alten
bleibe‘. Wie ich aber die Ehre hatte auseinanderzusetzen, ist
es für mich nicht möglich, die Stellung eines Ministerpräsidenten
beizubehalten, nachdem Euere Majestät für dieselbe die capitis
diminutio wiederholt befohlen haben, welche in der Aufhebung
der grundlegenden Ordre von 1852 liegt.

Euere Majestät geruhten außerdem bei meinem ehrfurchts=
vollen Vortrage vom 15. d. M., mir bezüglich der Ausdehnung
meiner dienstlichen Berechtigungen Grenzen zu ziehn, welche
mir nicht das Maß der Betheiligung an den Staatsgeschäften,
der Uebersicht über letztre und der freien Bewegung in meinen
ministeriellen Entschließungen und in meinem Verkehre mit
dem Reichstage und seinen Mitgliedern lassen, deren ich zur
Uebernahme der verfassungsmäßigen Verantwortlichkeit für
meine amtliche Thätigkeit bedarf.

Aber auch wenn es thunlich wäre, unsre auswärtige
Politik so unabhängig von unsrer inneren und unsre Reichs=
politik so unabhängig von der preußischen zu betreiben, wie es
der Fall sein würde, wenn der Reichskanzler der preußischen
Politik ebenso unbetheiligt gegenüber stände wie der bairischen
oder sächsischen und an der Herstellung des preußischen Votums
im Bundesrathe und dem Reichstage gegenüber keinen Antheil
hätte, so würde ich doch, nach den jüngsten Entscheidungen
Euerer Majestät über die Richtung unsrer auswärtigen Politik,
wie sie in dem Allerhöchsten Handbillet zusammengefaßt sind,

mit dem Euere Majestät die Rückgabe der Berichte des Consuls in Kiew gestern begleiteten, in der Unmöglichkeit sein, die Ausführung der darin von Euerer Majestät vorgeschriebnen Anordnungen bezüglich der auswärtigen Politik zu übernehmen. Ich würde damit alle die für das Deutsche Reich wichtigen Erfolge in Frage stellen, welche unsre auswärtige Politik seit Jahrzehnten im Sinne der beiden hochseligen Vorgänger Euerer Majestät in unsren Beziehungen zu Rußland unter ungünstigen Verhältnissen erlangt hat und deren über Erwarten große Bedeutung für die Gegenwart und Zukunft Graf Schuwalow mir nach seiner Rückkehr von Petersburg soeben bestätigt hat.

Es ist mir bei meiner Anhänglichkeit an den Dienst des Königlichen Hauses und an Euere Majestät und bei der langjährigen Einlebung in Verhältnisse, welche ich für dauernd gehalten hatte, sehr schmerzlich, aus den gewohnten Beziehungen zu Allerhöchstdenselben und zu der Gesammtpolitik des Reichs und Preußens auszuscheiden; aber nach gewissenhafter Erwägung der Allerhöchsten Intentionen, zu deren Ausführung ich bereit sein müßte, wenn ich im Dienste bliebe, kann ich nicht anders als Euere Majestät alleruntertänigst bitten,

mich aus dem Amte des Reichskanzlers, des Ministerpräsidenten und des Preußischen Ministers der Auswärtigen Angelegenheiten in Gnaden und mit der gesetzlichen Pension entlassen zu wollen.

Nach meinen Eindrücken der letzten Wochen und nach den Eröffnungen, die ich gestern aus den Mittheilungen von Euerer Majestät Civil- und Militär-Cabinet entnommen habe, darf ich in Ehrfurcht annehmen, daß ich mit diesem meinem Entlassungsgesuche den Wünschen Euerer Majestät entgegenkomme und also auf eine huldreiche Bewilligung meines Gesuches mit Sicherheit rechnen darf.

Ich würde die Bitte um Entlassung aus meinen Aemtern schon vor Jahr und Tag Euerer Majestät unterbreitet haben, wenn ich nicht den Eindruck gehabt hätte, daß es Euerer Majestät erwünscht wäre, die Erfahrungen und Fähigkeiten eines treuen Dieners Ihrer Vorfahren zu benutzen. Nachdem ich sicher bin, daß Euere Majestät derselben nicht bedürfen, darf ich aus dem öffentlichen Leben zurücktreten, ohne zu be= fürchten, daß mein Entschluß von der öffentlichen Meinung als unzeitig verurtheilt werde.

von Bismarck."

Seiner Majestät dem Kaiser und Könige.

Ich nahm noch die Gelegenheit wahr, den Chefs des Civil= und des Militär=Cabinets Lucanus und Hahnke zu sagen, daß der Verzicht auf den Kampf gegen die Socialdemokratie und die Erregung von unerfüllbaren Hoffnungen derselben mich mit schwerer Besorgniß erfüllt habe.

Auf den Abend des 18. waren die commandirenden Generale nach Berlin in das Schloß bestellt worden, wofür als osten= sibler Grund angegeben war, Se. Majestät wolle sie über die neuen Militärvorlagen hören. In der That aber hat bei ihrer Versammlung, die ungefähr 20 Minuten dauerte, der Kaiser eine Ansprache gehalten, an deren Schluß er den Generälen, wie mir glaubwürdig erzählt worden ist, mitgetheilt haben soll, daß er sich genöthigt sehe, mich zu entlassen; dem Chef des Generalstabes Waldersee gegenüber wären Beschwerden zum Ausdruck gekommen über meine Eigenmächtigkeit und Heimlichkeit im Verkehr mit Rußland. Graf Waldersee hatte ressortmäßig den Vortrag über die erwähnten Consularberichte und deren militärische Tragweite bei Sr. Majestät gehabt. Das Wort hätte danach keiner der Generäle auf die kaiserliche Eröffnung genommen, auch Graf Moltke nicht. Dieser hätte erst nachher auf der Treppe gesagt: „Das ist ein sehr bedauerlicher Vor= gang; der junge Herr wird uns noch manches zu rathen aufgeben."

Am 19. März nach der Cour war mein Sohn Herbert bei Schuwalow. Letzterer sagte in dem Bemühen, ihn zum Bleiben zu bewegen, wenn er und ich abgingen, so würden die Eröffnungen, mit denen er beauftragt sei, ins Wasser fallen. Da diese Aeußerung möglicherweise von Einfluß auf politische Entschließungen des Kaisers sein konnte, so machte mein Sohn am folgenden Tage Mittags Sr. Majestät in einem eigen= händigen Berichte Mittheilung davon.

Ich weiß nicht, ob vor oder unmittelbar nach Empfang dieses Berichtes, jedenfalls am 20. Mittags, kam der Adjutant vom Dienst Graf Wedel zu meinem Sohne, um den schon in den vorhergehenden Tagen durch Beauftragte kund gegebenen Wunsch des Kaisers zu wiederholen, daß mein Sohn in seinem Amte bleiben möge, ihm einen langen Urlaub anzubieten und ihn des unbedingten Vertrauens Sr. Majestät zu versichern. Das letztere glaubte mein Sohn nicht zu besitzen, weil der Kaiser wiederholt Räthe des Auswärtigen Amtes ohne sein Vorwissen hatte kommen lassen, um ihnen Aufträge zu geben oder von ihnen Orientirung zu verlangen. Wedel räumte das ein und versicherte, Se. Majestät würde ohne Zweifel bereit sein, dies Gravamen abzustellen. Mein Sohn hat darauf erwidert, seine Gesundheit sei so geschwächt, daß er ohne mich die schwere und verantwortliche Lage nicht annehmen könne. Später, nachdem ich meinen Abschied erhalten hatte, suchte Graf Wedel auch mich auf und verlangte, daß ich auf meinen Sohn wirke, damit er bliebe. Ich lehnte das ab mit den Worten: „Mein Sohn ist mündig."

Am Nachmittage des 20. März überbrachten Hahnke und Lucanus mir den Abschied in zwei blauen Briefen. Lucanus war Tags zuvor im Auftrage Sr. Majestät bei meinem Sohne gewesen, um ihn zu veranlassen, mich zu sondiren über Ver= leihung des Herzogstitels und Beantragung einer demselben entsprechenden Dotation bei dem Landtage. Mein Sohn hatte ohne Besinnen erklärt, Beides würde mir unerwünscht und peinlich sein, und Nachmittags, nach Rücksprache mit mir, an Lucanus geschrieben: „eine Titelverleihung würde mir nach der Art, wie ich in jüngster Zeit von Sr. Majestät behandelt worden, peinlich sein, und eine Dotation sei angesichts der Finanzlage und aus persönlichen Gründen unannehmbar". Trotzdem wurde mir der Herzogstitel verliehen.

Die beiden an mich gerichteten vom 20. datirten Ordres lauten:

„Mein lieber Fürst! Mit tiefer Bewegung habe Ich aus Ihrem Gesuche vom 18. d. M. ersehen, daß Sie entschlossen sind, von den Aemtern zurückzutreten, welche Sie seit langen Jahren mit unvergleichlichem Erfolge geführt haben. Ich hatte gehofft, dem Gedanken, Mich von Ihnen zu trennen, bei unseren Lebzeiten nicht näher treten zu müssen. Wenn Ich gleichwohl im vollen Bewußtsein der folgenschweren Tragweite Ihres Rücktritts jetzt genöthigt bin, Mich mit diesem Gedanken vertraut zu machen, so thue Ich dies zwar betrübten Herzens, aber in der festen Zuversicht, daß die Gewährung Ihres Gesuches dazu beitragen werde, Ihr für das Vaterland un= ersetzliches Leben und Ihre Kräfte so lange wie möglich zu schonen und zu erhalten. Die von Ihnen für Ihren Entschluß angeführten Gründe überzeugen Mich, daß weitere Versuche, Sie zur Zurücknahme Ihres Antrags zu bestimmen, keine Aussicht auf Erfolg haben. Ich entspreche daher Ihrem Wunsche, indem Ich Ihnen hierneben den erbetenen Abschied aus Ihren Aemtern als Reichskanzler, Präsident Meines Staatsministeriums und Minister der Auswärtigen Angelegen= heiten in Gnaden und in der Zuversicht ertheile, daß Ihr Rath und Ihre Thatkraft, Ihre Treue und Hin= gebung auch in Zukunft Mir und dem Vaterlande nicht fehlen werden. Ich habe es als eine der gnädigsten

Fügungen in Meinem Leben betrachtet, daß Ich Sie bei Meinem Regirungsantritt als Meinen ersten Berather zur Seite hatte. Was Sie für Preußen und Deutschland gewirkt und erreicht haben, was Sie Meinem Hause, Meinen Vorfahren und Mir gewesen sind, wird Mir und dem deutschen Volke in dankbarer, unvergänglicher Erinnerung bleiben. Aber auch im Auslande wird Ihrer weisen und thatkräftigen Friedenspolitik, die Ich auch künftig aus voller Ueberzeugung zur Richtschnur Meines Handelns zu machen entschlossen bin, allezeit mit ruhmvoller Anerkennung gedacht werden. Ihre Verdienste vollwerthig zu belohnen, steht nicht in Meiner Macht. Ich muß Mir daran genügen lassen, Sie Meines und des Vaterlandes unauslöschlichen Dankes zu versichern Als Zeichen dieses Dankes verleihe Ich Ihnen die Würde eines Herzogs von Lauenburg. Auch werde Ich Ihnen Mein lebensgroßes Bildniß zugehen lassen.

Gott segne Sie, Mein lieber Fürst, und schenke Ihnen noch viele Jahre eines ungetrübten und durch das Bewußtsein treu erfüllter Pflicht verklärten Alters.

In diesen Gesinnungen bleibe Ich Ihr Ihnen auch in Zukunft treu verbundener, dankbarer

Kaiser und König
Wilhelm I. R."

„Ich kann Sie nicht aus der Stellung scheiden sehen, in der Sie so lange Jahre hindurch für Mein Haus, wie für die Größe und Wohlfahrt des Vaterlandes gewirkt, ohne auch als Kriegsherr in inniger Dankbarkeit der unauslöschlichen Verdienste zu gedenken, die Sie Sich um Meine Armee erworben haben. Mit weitblickender Umsicht und eiserner Festigkeit haben Sie Meinem in Gott ruhenden Herrn Großvater zur Seite gestanden, als es galt, in schweren Zeiten die für nöthig erkannte Reorganisation unserer Streitkräfte zur Durchführung

zu bringen. Sie haben die Wege bahnen helfen, auf welchen
die Armee, mit Gottes Hülfe, von Sieg zu Sieg geführt werden
konnte. Heldenmüthigen Sinnes haben Sie in den großen
Kriegen Ihre Schuldigkeit als Soldat gethan, und seitdem, bis
auf diesen Tag, sind Sie mit nie rastender Sorgfalt und Auf=
opferung bereit gewesen, einzutreten, um unserem Volke die von
den Vätern ererbte Wehrhaftigkeit zu bewahren und damit
eine Gewähr für die Erhaltung der Wohlthaten des Friedens
zu schaffen.

Ich weiß Mich eins mit Meiner Armee, wenn Ich den
Wunsch hege, den Mann, der so Großes geleistet, auch ferner=
hin in der höchsten Rangstellung ihr erhalten zu sehen. Ich
ernenne Sie daher zum General=Obersten der Cavallerie mit
dem Range eines General=Feldmarschalls und hoffe zu Gott,
daß Sie Mir noch viele Jahre in dieser Ehrenstellung erhalten
bleiben mögen.

Wilhelm."

Mein Rath ist seitdem weder direct noch durch Mittels=
personen jemals erfordert, im Gegentheil scheint meinen Nach=
folgern untersagt zu sein, über Politik mit mir zu sprechen.
Ich habe den Eindruck, daß für alle Beamte und Offiziere,
welche an ihrer Stelle hängen, ein Boycott nicht nur geschäft=
lich, sondern auch social mir gegenüber besteht. Derselbe hat
in den diplomatischen Erlassen meines Nachfolgers wegen Dis=
creditirung der Person seines Vorgängers im Auslande einen
wunderlichen amtlichen Ausdruck gefunden.

Meinen Dank für die militärische Beförderung stattete ich
durch nachstehendes Schreiben ab:

„Euerer Majestät danke ich in Ehrfurcht für die huldreichen
Worte, mit denen Allerhöchstdieselben meine Verabschiedung
begleitet haben, und fühle mich hoch beglückt durch die Ver=

leihung des Bildnisses, welches für mich und die Meinigen ein
ehrenvolles Andenken an die Zeit bleiben wird, während deren
Euere Majestät mir gestattet haben, dem Allerhöchsten Dienste
meine Kräfte zu widmen. Euere Majestät haben mir gleichzeitig die Würde eines Herzogs von Lauenburg zu verleihen
die Gnade gehabt. Ich habe mir ehrfurchtsvoll gestattet, dem
Geheimen Cabinetsrath von Lucanus mündlich die Gründe
darzulegen, welche mir die Führung eines derartigen Titels
erschwerten, und daran die Bitte geknüpft, diesen weiteren
Gnadenact nicht zu veröffentlichen. Die Erfüllung dieser meiner
Bitte war nicht möglich, weil die amtliche Veröffentlichung zu
der Zeit, wo ich meine Bedenken äußern konnte, bereits im
Staats-Anzeiger erfolgt war. Euere Majestät wage ich aber
allerunterthänigst zu bitten, mir die Führung meines bisherigen Namens und Titels auch ferner in Gnaden gestatten
zu wollen. Für die mich so hoch ehrende militärische Beförderung bitte ich allerunterthänigst Euerer Majestät meinen ehrfurchtsvollen Dank zu Füßen legen zu dürfen, sobald ich zu
meiner im Augenblick durch Unwohlsein verhinderten dienstlichen Meldung im Stande sein werde."

Am 21. Morgens 10 Uhr, während mein Sohn zum Empfange des Prinzen von Wales auf dem Lehrter Bahnhof war,
sagte Se. Majestät zu ihm: "Sie haben nach Ihrem gestrigen
Briefe Schuwalow mißverstanden, ich habe ihn eben bei mir
gehabt; er wird Sie Nachmittags besuchen und die Sache in
Ordnung bringen." Mein Sohn erwiderte, mit Schuwalow
nicht mehr verhandeln zu können, da er im Begriff stehe, sein
Abschiedsgesuch einzureichen. Se. Majestät wollte davon nichts
hören; "er werde meinem Sohne alle Erleichterungen gewähren
und Nachmittags oder später eingehend mit ihm sprechen;
bleiben müsse er". Schuwalow hat denn auch meinen Sohn am
Nachmittage besucht, es aber abgelehnt, Eröffnungen zu machen,

da seine Instructionen auf ihn und mich, nicht aber auf unsere
Nachfolger lauteten. Ueber die Audienz am Morgen hat er
erzählt, er sei Nachts um 1 Uhr durch einen Armee-Gensdarmen
geweckt worden, der eine zweizeilige Bestellung des Flügeladjutanten zu 8¾ Uhr früh überbracht habe. Er sei in große
Aufregung gerathen in der Vermuthung, daß dem Zaren
etwas zugestoßen sei. Se. Majestät habe bei der Audienz über
Politik gesprochen, sich entgegenkommend geäußert und erklärt,
daß er die bisherige Politik fortführen wolle; er, Schuwalow,
habe dies nach Petersburg gemeldet.

Auf eine Frage Caprivi's nach einem geeigneten Nachfolger
bezeichnete mein Sohn ihm am 23. den Gesandten in Brüssel
von Alvensleben. Caprivi erklärte sich mit demselben einverstanden und äußerte Bedenken gegen einen Nichtpreußen an
der Spitze des Auswärtigen Amtes; Se. Majestät habe ihm
Marschall genannt. Indessen erklärte der Kaiser am 24. zu
meinem Sohne, mit dem er auf einem Dragonerfrühstück zu-
sammentraf, daß auch ihm Alvensleben sehr genehm sei.

Am 26. Vormittags orientirte mein Sohn Caprivi über
die Secreta. Der Letztere fand die Verhältnisse zu complicirt,
er werde sie vereinfachen müssen, und erwähnte, Alvensleben
sei am Morgen bei ihm gewesen, aber je mehr er in ihn
hineingeredet, desto härter sei dieser in seiner Ablehnung geworden. Mein Sohn verabredete, er werde am Nachmittage
noch einen Versuch mit Alvensleben machen und Caprivi über
den Erfolg berichten. Im Laufe desselben Tages erhielt er
seinen Abschied, ohne daß die von dem Kaiser in Aussicht gestellte Unterredung Statt gefunden hatte.

Mein Sohn versuchte am Nachmittage versprochenermaßen
in Gemeinschaft mit dem auf Urlaub anwesenden Botschafter
von Schweinitz den Herrn von Alvensleben zur Annahme seiner
Nachfolge zu bewegen, jedoch ohne Erfolg. Derselbe erklärte,
lieber die Carrière aufgeben als Staatssecretär werden zu

wollen, versprach jedoch seinen definitiven Entschluß nicht eher zu fassen, als bis er den Kaiser gesprochen habe.

Am 27. Morgens besuchte der Kaiser meinen Sohn, sprach unter wiederholter Umarmung die Hoffnung aus, ihn bald erholt und wieder im Dienste zu sehen, und fragte, wie es mit Alvensleben stände. Nachdem mein Sohn referirt und Se. Majestät Verwunderung ausgesprochen, daß Alvensleben sich noch nicht gemeldet, ließ er diesen sofort zu 12½ Uhr in's Schloß bestellen.

Mein Sohn begab sich zu Caprivi, machte ihm Mittheilung über Alvensleben's Verhalten und dessen Citation zu Sr. Majestät und rekapitulirte die Gründe, durch welche er auf Alvensleben zu wirken gesucht. Darauf hat Caprivi sich etwa so ausgesprochen:

Das sei jetzt Alles zu spät. Er habe gestern Sr. Majestät vorgetragen, daß Alvensleben nicht wolle, und darauf die Ermächtigung erhalten, zu Marschall zu gehen. Dieser habe sich sofort bereit erklärt mit dem Zusatz, daß er schon die Zustimmung seines Großherzogs zum Uebertritt in den Reichsdienst habe, seine offizielle Anfrage in Karlsruhe also nur eine Formsache sei. Wenn Alvensleben nun doch noch annehme, würde ihm, Caprivi, nichts übrig bleiben als seinen Abschied zu erbitten. Er sei auf 12¾ Uhr zum Vortrage bestellt und werde dabei Se. Majestät an den gestrigen Auftrag für Marschall erinnern.

Alvensleben, der unmittelbar vor Caprivi im Schlosse empfangen wurde, war auch von dem Kaiser nicht zu überreden gewesen; als der Letztere dies mit dem Ausdruck seines Bedauerns Caprivi mittheilte, erwiderte dieser, das sei sehr glücklich und bewahre ihn vor einer großen Verlegenheit, denn er habe schon mit Marschall abgeschlossen; der Kaiser erklärte kurz: „Nun gut, so wird es Marschall." Caprivi hatte also das Resultat der Unterredung meines Sohnes mit Alvensleben nicht abgewartet, sondern schon vorher den badischen Gesandten gewonnen.

Der Großherzog von Baden, der durch Aeußerungen meines Sohnes gegen Herrn von Marschall erfahren hatte, daß seine entscheidende Einwirkung auf den Kaiser zu meiner Kenntniß gekommen war, machte mir am 24. einen Besuch und verließ mich in ungnädiger Stimmung. Ich sagte ihm, er habe dem Reichskanzler in dessen Competenz eingegriffen und meine Stellung bei Sr. Majestät unmöglich gemacht.

Am 26. März verabschiedete ich mich bei dem Kaiser. Se. Majestät sagte, „nur die Sorge für meine Gesundheit" habe ihn bewogen, mir den Abschied zu ertheilen. Ich erwiderte, meine Gesundheit sei in den letzten Jahren selten so gut gewesen wie in dem vergangenen Winter. Die Veröffentlichung meines Abschiedsgesuchs wurde abgelehnt. Gleichzeitig mit dem Eingange desselben hatte Caprivi schon von einem Theile der kanzlerischen Dienstwohnung Besitz ergriffen; ich sah, daß Botschafter, Minister und Diplomaten auf dem Treppenflur warten mußten, ein Zwang für mich, das Packen und Abreisen dringend zu beschleunigen; am 29. März verließ ich Berlin unter diesem Zwange übereilter Räumung meiner Wohnung und unter den vom Kaiser im Bahnhof angeordneten militärischen Ehrenbezeigungen, die ich ein Leichenbegängniß erster Klasse mit Recht nennen konnte.

Zuvor hatte ich von Sr. Majestät dem Kaiser Franz Joseph diesen Brief erhalten:

„Wien, den 22. März 1890.

Lieber Fürst.

Die meine volle Theilnahme in Anspruch nehmende Nachricht, daß Sie die Zeit gekommen erachten, Sich von den aufreibenden Mühen und Sorgen Ihrer Aemter zurückzuziehen, hat nunmehr ihre offizielle Bestätigung gefunden. So sehr ich

wünsche und hoffe, daß es Ihrer erschütterten Gesundheit zu
Gute kommen werde, wenn Sie Sich nach so vielen Jahren
ununterbrochener erfolg= und ruhmreicher staatsmännischer Wirk=
samkeit Ruhe gönnen wollen, so wenig kann ich das Gefühl
aufrichtigen Bedauerns unausgesprochen lassen, mit welchem ich
Ihren Rücktritt, insbesondere Ihr Scheiden von der Leitung
der auswärtigen Angelegenheiten des uns so nahe stehenden
Deutschen Reiches begleite. Ich werde es immer dankbarst an=
erkennen, daß Sie die Beziehungen Deutschlands zu Oestreich=
Ungarn im Geiste loyaler Freundschaft aufgefaßt und durch
consequentes und treues Zusammenwirken mit den Männern
meines Vertrauens das heute unerschütterliche Bundesverhält=
niß gegründet haben, welches den Interessen beider Reiche, wie
meinen Wünschen und jenen Ihres Herrn und Kaisers ent=
spricht. Ich freue mich, Ihnen bei diesen für die Geschicke des
Welttheils so wichtigen Bestrebungen meine Unterstützung und
mein rückhaltloses Vertrauen entgegen gebracht zu haben, und
weiß es auch dankbar zu schätzen, daß ich bei Ihnen in allen
Gelegenheiten auf dieselbe vertrauensvolle Offenheit und zu=
verlässige Mithülfe zählen konnte. Möge Ihnen noch eine
lange Reihe von Jahren hindurch die Genugthuung gegönnt
sein, zu sehen, wie der durch Sie festgefügte deutsch österreichische
Freundschaftsbund in den schweren Zeiten, in welchen wir leben,
sich als sichere Schutzwehr erweist nicht nur für die Verbün=
deten, sondern auch für den Frieden Europas. Empfangen
Sie, lieber Fürst, die Versicherung, daß meine herzlichsten
Wünsche Sie stets begleiten, daß ich Ihrer mit den Gefühlen
aufrichtiger Hochachtung und Freundschaft gedenke und daß
es mich lebhaft freuen soll, so oft Ihnen die Gelegenheit
geboten wird, von Ihrem opferwilligen Patriotismus und
Ihrer altbewährten weisen Erfahrung erneut Zeugniß abzu=
legen.

Franz Joseph."

Zu Weihnachten 1890 ließ mir Kaiser Wilhelm eine Samm-
lung von Photographien der Räume des Palais Wilhelm's I.
übersenden; ich dankte dafür in dem folgenden Briefe:

„Friedrichsruh, 25. December 1890.

Allerdurchlauchtigster Kaiser

Allergnädigster König und Herr.

Eurer Majestät erlaube ich mir meinen ehrfurchtsvollen
Dank zu Füßen zu legen für das mir im Allerhöchsten Auf-
trage übersandte Weihnachtsgeschenk, welches mir in vollendeter
Nachbildung die Stätten vergegenwärtigt, an die sich meine
Erinnerungen an meinen hochseligen Herrn vorwiegend knüpfen,
und in welchen Höchstderselbe mir länger als ein halbes Jahr-
hundert Sein gnädiges Wohlwollen erwiesen und bis zum Ende
Seiner Tage bewahrt hat.

Mit meinem alleruntertänigsten Danke für dieses Andenken
an die Vergangenheit verbinde ich meine ehrfurchtsvollen Glück-
wünsche zum bevorstehenden Jahreswechsel.

In tiefster Ehrfurcht ersterbe ich
Eurer Majestät
alleruntertänigster Diener

v. Bismarck.“

Neuntes Kapitel

Graf Caprivi.

Wie lange und wie tief die der Ressort-Eifersucht im
Kriege 66 entsprungenen militärischen Verstimmungen nach=
wirkten und an dem wachsenden Uebelwollen meiner Standes=
und ehemaligen Parteigenossen Anlehnung nahmen, hatte ich
unter andern aus der Mittheilung ersehen, welche mir der
Feldmarschall von Manteuffel machte, daß der General von
Caprivi sich gegen ihn unaufgefordert und eindringlich über
die Gefahr, die uns durch meine, des leitenden Ministers,
„Feindschaft gegen die Armee" bereitet werde, ausgesprochen
und dagegen des Marschalls Einfluß beim Könige zu Hülfe
gerufen habe. Dieser, auch dem Feldmarschall unerwar=
tete Ausbruch latenter Feindschaft und Caprivi's gleichzeitiger
Verkehr in den Conventikeln, die um den Grafen Roon
und in dem Caprivi befreundeten Hause des Geheimrathes
von Lebbin (Ministerium des Innern) gegen mich thätig
waren *), haben mich nicht abgehalten, die hohe Meinung,
welche ich von seiner militärischen Begabung auf Grund
competenter Zeugnisse hegte, bei gebotenen Gelegenheiten
geltend zu machen. Vor und nach seiner Ernennung zum Chef
der Marine, die 1883 gegen meinen Rath erfolgte, empfahl
ich dem Kaiser Wilhelm 1., einen General, der wie er Ver=
trauen in der Armee besäße, bei den damaligen zweifelhaften
Friedensaussichten nicht dem Landheere zu entziehen, nicht die

---

*) S. Bd. II 152 f. [= II 179 f. der Volks=, II 175 f. der Neuen
Ausgabe.]

Fühlung, die er mit demselben habe, dergestalt zu unterbrechen, daß er sie beim Ausbruch eines Krieges erst wieder zu erneuern habe. Ich empfahl namentlich, Caprivi an der Leitung des Generalstabes zu betheiligen, sobald der Graf Moltke der Unterstützung bedürfe. Dieser war aber nicht geneigt, sich von Caprivi unterstützen zu lassen, und erklärte lieber abzugehn, was der Kaiser jedenfalls verhüten wollte. Außerdem hatte Se. Majestät das zweifellos berechtigte Bedürfniß, durch einen militärisch geschulten Charakter wie Caprivi gewisse Schäden auszugleichen, die unter dem General von Stosch in der Marine eingerissen sein sollten. Mein Wunsch war, die Leitung der Marine in seemännische Hand gelegt zu sehen. Der analoge Vorgang wiederholte sich, als Kaiser Friedrich, in seiner Verstimmung über Waldersee's und der Gräfin Waldersee Beziehungen zu Stöcker, mir eröffnete, daß er Waldersee im Generalstabe zu ersetzen wünsche, und ich für den Fall Caprivi als geeigneten Nachfolger neben Graf Häseler nannte. Dem Kaiser war Caprivi vertrauter, er stieß aber bei Sondirung des Feldmarschalls auf dieselbe entschiedene Ablehnung wie sein Vater. Für Kaiser Wilhelm II. war Caprivi auf militärischem Gebiete zu unabhängig im Urtheil, auf politischem aber war er Sr. Majestät an Vorbildung nicht gewachsen.

Ich bin freiwillig nur von dem Posten des Handelsministers zurückgetreten, weil ich die verantwortliche Contrasignatur für verlorne Liebesmüh bei der Socialdemokratie und für die Arbeiterzwangs- und Sonntagsgesetze in der Richtung, für die der Kaiser hinter meinem Rücken durch regirende Herren, durch Boetticher und andre Hintertreppenintriganten gewonnen war, nicht leisten wollte. Ich hatte damals noch die Absicht, Kanzler und Ministerpräsident zu bleiben, weil ich dies im Angesicht der Schwierigkeiten, welche ich von der nächsten Zukunft befürchtete, für eine Ehrenpflicht hielt. Namentlich glaubte ich im auswärtigen Reichsdienste die Verantwortung für mein

Ausscheiden nicht selbst übernehmen zu können, sondern ab=
warten zu müssen, ob Se. Majestät die Initiative dazu er=
greifen würde. An diesem Pflichtgefühl hielt ich auch dann
fest, als das Verhalten des Kaisers mich zu der directen Frage
veranlaßte, ob „ich Sr. Majestät im Wege sei". In der Gegen=
rede, daß ich die neuen Militärvorlagen, die „Verdy'schen",
doch noch vertreten müsse, erkannte ich eine Bejahung meiner
Frage und deutete die Möglichkeit an, mich dann zunächst als
Ministerpräsident zu ersetzen und als Kanzler zu belassen; ich
glaubte damals mit Sr. Majestät über mein Verbleiben in der
Kanzlerstellung noch einig zu sein, indem die Intentionen des
Königs, für die ich nicht glaubte verantwortlich mitarbeiten zu
können, zunächst das Ressort des preußischen Ministerpräsidenten
und des Handelsministers berührten. Letztres hatte ich sofort
nachdem Se. Majestät sich für die Haltung des Oberpräsidenten
von Berlepsch entschieden hatte, niedergelegt und Herrn von
Berlepsch zum Nachfolger empfohlen. In dieser Sachlage nahm
ich an, daß an der Spitze der Geschäfte kein Mann wie
Boetticher, sondern ein General mit dem Ehrgefühl des preu=
ßischen Offiziercorps nothwendig sein werde. Ich war nicht
ohne Sorge, daß des Kaisers Wahl nach dem Einflusse, wel=
chen nach seiner eignen Erklärung in der Conseilsitzung vom
24. Januar außeramtlich Leute wie Hinzpeter, Douglas, Maler
Heyden und Berlepsch und, im Amte, Boetticher auf ihn ge=
wonnen hatten, von dem Glauben bestimmt werden könnte,
daß sich die revolutionären Gefahren auf dem Wege der
Popularität bekämpfen ließen. Es beunruhigte mich die Nei=
gung des Kaisers, seine Feinde durch Liebenswürdigkeiten zu
gewinnen, anstatt seinen Freunden Muth und Vertrauen ein=
zuflößen. Auch die in meiner Abwesenheit geltend gemachte
abschwächende Kritik meiner Politik von badischer Seite her
verschärfte meine Besorgniß vor concessionsbereiten civilisti=
schen Rathgebern, vor Nachfolgern ohne politisches Ehrgefühl,

welche die Monarchie schädigen würden, um sich in ihrer Stel=
lung zu erhalten. Diese Sorge beruhte auf Wahrnehmungen,
welche ich an meinen Collegen im Staatsministerium gemacht
hatte.

Ich habe gehört, daß der Kaiser die Bedenken, welche
Caprivi gegen Uebernahme meiner Nachfolge geäußert, mit den
Worten beschwichtigt habe: „Seien Sie ohne Sorge, sie kochen
alle mit Wasser, und ich werde die Verantwortlichkeit für die
Geschäfte übernehmen." Hoffen wir, daß die nächste Gene=
ration die Frucht dieses königlichen Selbstvertrauens erndten
werde.

Wie Caprivi über die Bedenken, die er gegen Ueber=
nahme des Kanzlerpostens hegte, sich hinweg geholfen hat,
darüber sprach er bei unserer einzigen und kurzen Besprechung
nach seiner Ernennung, zwischen Thür und Angel des von ihm
in Besitz genommenen Zimmers im Flügel meines Hauses,
sich mit den Worten aus: „Wenn ich in der Schlacht an der
Spitze meines zehnten Corps einen Befehl erhalte, von dem
ich befürchte, daß bei Ausführung desselben das Corps, die
Schlacht und ich selbst verloren gehen, und wenn die Vorstellung
meiner sachlichen Bedenken keinen Erfolg hat, so bleibt mir
doch nichts übrig als den Befehl auszuführen und unterzugehn.
Was ist nachher weiter? Mann über Bord." In dieser Auf=
fassung liegt der schärfste Ausdruck der Gesinnung des Offizier=
corps, welche den letzten Grund der militärischen Stärke Preu=
ßens in diesem und dem vorigen Jahrhundert gebildet hat und
hoffentlich ferner bilden wird. Aber auf die Gesetzgebung, die
Politik, die innere wie die äußere, übertragen, hat dieses, auf
seinem eigentlichen Gebiete bewunderungswürdige Element doch
seine Gefahren; die heutige Politik eines Deutschen Reiches,
mit freier Presse, parlamentarischer Verfassung, im Drange
der europäischen Schwierigkeiten, läßt sich nicht im Stile einer
durch Generäle ausgeführten Königlichen Ordre betreiben,

auch wenn die Begabung des betheiligten Deutschen Kaisers und Königs von Preußen der Friedrich's II. mehr als eben= bürtig ist.

Ich hätte an Stelle des Herrn von Caprivi den Reichs= kanzlerposten nicht angenommen; um Cabinetssecretär oder Adjutant auf einem ihm fremden Gebiete zu werden, ist ein hoher preußischer General, der mehr als andere das Ver= trauen unseres Offiziercorps hat, ein zu vornehmer Mann, und die Politik ist an sich noch kein Schlachtfeld, sondern nur die sachkundige Behandlung der Frage, ob und wann Krieg nothwendig sein wird und wie er sich mit Ehren verhüten läßt. Ich kann die Caprivi'sche Schlachtfeldtheorie nur gelten lassen in Situationen, wo die Existenz der Mon= archie und des Vaterlandes auf dem Spiele steht, in Situa= tionen, für welche der Begriff der Dictatur sich geschichtlich ausgebildet hat, wie ich als solche beispielsweise die Lage von 1862 ansah.

Wie genau, ich möchte sagen inhaltern Caprivi die „Con= signe" befolgte, zeigte sich darin, daß er über den Stand der Staatsgeschäfte, die zu übernehmen er im Begriffe stand, über die bisherigen Ziele und Absichten der Reichsregirung und die Mittel zu deren Durchführung keine Art von Frage oder Erkundigung an mich gerichtet hat. Ich entnehme daraus, daß ihm präcis befohlen war, sich jeder Frage an mich zu enthalten, um nicht den Eindruck abzuschwächen, daß der Kaiser selbst und ohne eines Kanzlers zu bedürfen regirte. Es ist mir nie vorgekommen, daß eine Pachtübergabe nicht eine ge= wisse Verständigung zwischen dem abziehenden und dem an= ziehenden Pächter erfordert hätte; in der Regirung des Deutschen Reiches mit allen ihren complicirten Verhältnissen ist ein ana= loges Bedürfniß aber nicht hervorgetreten. Die Wendung in meiner Verabschiedung, daß der Kaiser meinen Rath benutzen würde, hat nie eine praktische Bethätigung erfahren, und die

Unterschrift meines Nachfolgers habe ich bei meiner Entlassung und später weder amtlich noch vertraulich zu sehn bekommen, außer unter einem für mich nachtheiligen Entscheide betreffend meine Pensionirung*). Meine Erfahrung in unsrer Politik reichte 40 Jahre zurück, und durch den Amtswechsel war mein Nachfolger nicht vertrauter mit der politischen Lage geworden, als er in der Front des 10. Corps gewesen war.

Die Gründe, welche Se. Majestät bestimmt haben, mich zu entlassen und mir in meinen Jahren einen plötzlichen Wechsel der Wohnung und der Thätigkeit zu befehlen, sind mir amtlich oder aus dem Munde Sr. Majestät niemals bekannt geworden, auch nicht beim Wiedersehn nach 4 Jahren; ich habe sie mir nur durch Conjectur zurechtlegen können, und vielleicht niemals genau. Es mögen allerhand Lügen an den Herrn gelangt sein, er hat mir von keiner Kenntniß gegeben und keine Auf=klärungen von mir verlangt. Ich habe den Eindruck gehabt, daß der Kaiser mein Erscheinen in Berlin vor und nach Neu=jahr 1890 nicht wünschte, weil er wußte, daß ich mich meiner Ueberzeugung nach über die Socialdemokratie im Reichstage nicht im Sinne derjenigen aussprechen würde, die inzwischen die seinige geworden war und die mir erst in dem Conseil am 24. Januar bekannt wurde. Nach meinen direct und durch meinen Sohn erhaltnen Weisungen hatte sich Se. Majestät die Bestimmung der Zeit meiner Rückkehr vorbehalten. Ich erhielt sie in Gestalt der Einladung zu dem Conseil am 24. Januar mit dem Befehl, eine halbe Stunde vorher zum Vortrag zu erscheinen. Ich nahm an, daß ich dabei er=fahren würde, worüber im Conseil berathen werden solle. Es geschah das nicht, und ich folgte Sr. Majestät durch den Nonnengang zum Conseil ebenso unbekannt mit den uns

---

*) Ich wurde u. a. veranlaßt, die Quote meines am 1. Januar erhobenen Quartalgehalts für die 11 Tage vom Datum meiner Ver=abschiedung (20.—31. März) wieder herauszugeben.

bevorstehenden Eröffnungen wie meine Collegen, mit Aus=
nahme Boetticher's.

Auch nach meiner Entlassung ist sorgfältig vermieden worden,
mit mir in irgend welche Beziehung zu treten, augenscheinlich
um nicht in den Verdacht zu gerathen, daß man meine Er=
fahrung, Sach= und Personenkenntniß zu benutzen ein Bedürfniß
empfinde. Ich wurde streng boycottirt und unter Quarantäne
gehalten als Herd von Bacillen der Seuchen, an denen wir
politisch gelitten hatten, als ich Kanzler war.

Neben der militärischen Auffassung mögen auf Caprivi im
Amte und vorher auch psychologische Consequenzen seiner
tantalisirten Jugend mitgewirkt haben, welche für einen Garde=
offizier ohne Vermögen von Entbehrungen und Bitterkeiten
nicht frei war, die Empfindung, daß der Abschluß des Lebens
in höchster Stellung eine ausgleichende Gerechtigkeit des
Schicksals sei. Daß die Verstimmung, unter welcher er gegen
Leute in meiner Stellung vor zwanzig und mehr Jahren ge=
litten haben konnte, diesen Zeitraum überlebt hatte, habe ich
daraus entnommen, daß sein Verhältniß zu mir von dem
Augenblick der ersten Eröffnung, die ihm der Kaiser gemacht
hatte, weder in Berlin noch in Wien von der gleichen rein
sachlichen Erwägung getragen worden ist, wie das meinige zu
ihm, ungeachtet der mir bekannten unfreundlichen Stimmung,
stets geblieben war. Die letztre zu überwinden, war mir auch
während der Zeit nicht gelungen, da wir Collegen im Reichs=
dienste waren, zur Zeit seiner Marineverwaltung, trotz allen
Aufwandes persönlicher Liebenswürdigkeit, welche ich zu diesem
Zwecke eingesetzt habe; es war immer den Leuten „mit Ar und
Halm" gegenüber der Jugendeindruck eines Jahre lang tanta=
lisirten Offiziers ohne Zulage durchzufühlen *).

—————

*) Ich kann nicht leugnen, daß mein Vertrauen in den Charakter
meines Nachfolgers einen Stoß erlitten hat, seit ich erfahren habe, daß

Das Gefühl, von einem erheblichen Theile meiner Collegen in Preußen und meiner Untergebnen im Reiche als eine Be= lastung betrachtet zu werden, als ein Gewicht, durch dessen Druck ihre eigne steigende Entwicklung gehindert wurde, habe ich seit langer Zeit gehabt, glaube aber, daß dasselbe Gefühl jeder Ministerpräsident und Reichskanzler gehabt haben würde, der so lange Zeit bestrebt gewesen wäre, ohne Ablösung seine Pflicht zu thun, indem er, soweit menschenmöglich, die Einheit und das Maßhalten der verschiednen strebsamen Ressorts gegen einander und gegenüber den berechtigten Erwartungen der Regirten und ihrer einzelnen Interessenklassen zu erhalten suchte.

Die damit angedeutete Aufgabe kann ohne Verletzung unsrer Verfassung von dem Monarchen in seinen Eigenschaften als Deutscher Kaiser und als König von Preußen ebenso gut erfüllt werden wie von einem Reichskanzler und Minister= präsidenten, wenn der Monarch die dazu erforderliche Vor= bereitung und Arbeitskraft besitzt und seinen Ministern gegen=

---

er die uralten Bäume vor der Gartenseite seiner, früher meiner, Wohnung hat abhauen lassen, welche eine erst in Jahrhunderten zu regenerirende, also unersetzbare Zierde der amtlichen Reichsgrundstücke in der Residenz bildeten. Kaiser Wilhelm I., der in dem Reichskanzler= garten glückliche Jugendtage verlebt hatte, wird im Grabe keine Ruhe haben, wenn er weiß, daß sein früherer Gardeoffizier alte Lieblings= bäume, die ihres Gleichen in Berlin und der Umgegend nicht hatten, hat niederhauen lassen, um un poco più di luce zu gewinnen. Aus dieser Baumvertilgung spricht nicht ein deutscher, sondern ein slavischer Charakterzug. Die Slaven und die Celten, beide ohne Zweifel stamm= verwandter als jeder von ihnen mit den Germanen, sind keine Baum= freunde, wie Jeder weiß, der in Polen und Frankreich gewesen ist; ihre Dörfer und Städte stehn baumlos auf der Ackerfläche, wie ein Nürnberger Spielzeug auf dem Tische. Ich würde Herrn von Caprivi manche politische Meinungsverschiedenheit eher nachsehn als die ruch= lose Zerstörung uralter Bäume, denen gegenüber er das Recht des Nießbrauchs eines Staatsgrundstücks durch Deterioration desselben mißbraucht hat.

über sachlich, nicht monarchisch discutirt. Auch wenn Letzteres
der Fall ist, müßte er jedoch immer das Bedürfniß haben und
würde er schon durch seinen preußischen Verfassungseid genöthigt sein, bevor er Entschließungen faßt, den Rath derjenigen
Minister zu hören und zu erwägen, welchen die verfassungsmäßige Verantwortlichkeit obliegt. Geschieht das nicht und
findet der einfache Befehl des Königs von Preußen bei seinen
Ministern einen schweigenden und stellenklebenden Gehorsam,
der sich auf die preußische Stimme im Bundesrathe überträgt,
nimmt mit andern Worten der König von Preußen in seinem
Staatsministerium die Stellung der französischen Könige im
lit de justice (hoc volo, sic jubeo) und findet er dann Minister,
welche die ihnen damit bleibende Stellung von Cabinets-
secretären annehmen, dann tritt das Königthum in einer Un-
gedecktheit der Kritik der Parlamente und der Presse gegenüber, auf welche unsre heutigen Einrichtungen nicht passen.
Die Minister sind dann berechtigt, dem Parlamente gegenüber
den Umstand geltend zu machen, daß der König, in Preußen
also das berechtigte Drittel der gesetzgebenden Gewalt, hinter
ihnen steht, aber doch nicht, wie es seit meinem Rücktritte vorgekommen ist, von der Rechtfertigung ihrer eignen Ueberzeugung
sich vermittelst des Argumentes zu entbinden, daß der König
die Sache befohlen habe. Das Gewicht der persönlichen Ansicht
desselben kann von einem Minister wohl zur Empfehlung
dessen, was er vertritt, aber niemals zur Deckung seiner eignen
Verantwortlichkeit für das Vertretene angeführt werden. Der
Mißbrauch in letzterer Richtung führt dazu, die Verantwortlichkeit, welche die Minister treffen soll, zu verflüchtigen und
auf den im Parlamente nicht anwesenden Monarchen zu
übertragen.

Ein Minister würde in dem preußischen Abgeordnetenhause
berechtigt sein, zu sagen, daß irgend ein Antrag in dem Herren-
hause nicht durchgehn werde und deshalb im Interesse der Ver-

ständigung lieber zu modificiren sei. Mit einer gleichen verfassungsmäßigen Berechtigung darf er sagen, daß irgend ein
andrer Antrag bei dem obersten gleichberechtigten Factor der
Gesetzgebung, dem Könige, nicht durchgehn werde (Art. 62
der Verfassung).

Zehntes Kapitel

Kaiſer Wilhelm II.

Der Kaiſer hat in ſeiner natürlichen Veranlagung von den
Eigenſchaften ſeiner Vorfahren eine gewiſſe Mannigfaltigkeit
zur Mitgift erhalten. Von unſerm erſten Könige hat er die
Prachtliebe, die Neigung zu einem durch das Coſtüm gehobnen
Hofceremoniell bei feierlichen Gelegenheiten, verbunden mit
einer lebhaften Empfänglichkeit für geſchickte Anerkennung. Die
Selbſtherrlichkeit der Zeiten Friedrich's I. iſt in ihrer praktiſchen
Erſcheinung durch den Lauf der Zeiten weſentlich modificirt;
aber wenn es heut innerhalb der geſetzlichen Möglichkeiten
läge, ſo würde mir, glaube ich, als Abſchluß meiner politiſchen
Laufbahn das Geſchick des Grafen Eberhard Danckelmann
nicht erſpart geblieben ſein. Ich würde angeſichts der Kürze
der Lebensdauer, auf die ich in meinem Alter überhaupt noch
zu rechnen habe, einem dramatiſchen Abſchluſſe meiner politiſchen
Laufbahn nicht aus dem Wege gegangen ſein und auch dieſe
Ironie des Schickſals mit heitrer Ergebung in Gottes Willen
ertragen haben. Den Sinn für Humor habe ich auch in den
ernſteſten Lagen des Lebens niemals verloren.

Gleiche erbliche Anklänge zeigt der Kaiſer an Friedrich
Wilhelm I., zuerſt in der Aeußerlichkeit der Vorliebe für „lange
Kerls". Wenn man die Flügeladjutanten des Kaiſers unter
das Maß ſtellt, ſo findet man faſt lauter Offiziere von un=
gewöhnlicher Körperlänge, um 6 Fuß herum und darüber.
Es iſt vorgekommen, daß ſich an dem Hoflager im Marmor=
palais ein unbekannter, hochgewachſener Offizier meldete, Zulaß
zu Sr. Majeſtät verlangte und auf Befragen erklärte, er ſei

zum Flügeladjutanten ernannt, eine Angabe, die erst nach Rückfrage bei Sr. Majestät Glauben fand. Der neue Flügel= adjutant überragte an Körperlänge seine Kameraden, welche er bei seinem Erscheinen im Palais nicht ohne Schwierigkeit von seiner Berechtigung überzeugt hatte.

Ausgeprägter noch ist die Vererbung der Neigung Friedrich Wilhelm's I. und Friedrich's II. zu selbstherrlicher Leitung der Regirungsgeschäfte *) und der Glaube an die Berechtigung des hoc volo, sic jubeo **). Aber jene übten die Selbstherrlichkeit, wie es der Tendenz ihrer Zeit entsprach, ohne Rücksicht darauf, ob sie durch die Art, wie sie regirten, Beifall erwarben oder nicht. Es läßt sich kaum ermitteln, ob die Zeitgenossen Friedrich Wil= helm's I. ihm die Anerkennung gezollt haben wie die Nachwelt, daß er in seinen gewaltthätigen Eingriffen frei gewesen ist von der Rücksicht auf das Urtheil Anderer, wie sein Vater sie nahm. Heute steht das Urtheil der Geschichte fest, daß ihm salus publica und nicht Anerkennung seiner Person suprema lex gewesen ist.

Friedrich der Große hat sein Blut nicht fortgepflanzt; seine Stellung in unserer Vorgeschichte muß aber auf jeden seiner Nachfolger wirken als eine Aufforderung, ihm ähnlich zu werden.

---

*) Ich erinnere mich, daß ich 1859 beim Abgange nach Petersburg auf meine Kritik über die Unfähigkeit sämmtlicher Minister des Regenten die ungnädige Antwort erhielt: „Halten Sie mich etwa für eine Schlaf= mütze?" Worauf ich erwiderte, daß schon ein preußischer Landrath heut zu Tage seinen Kreis weder gern noch gut ohne einen brauchbaren Kreissecretär verwalten würde, die Monarchie aber aus der Möglichkeit der Cabinetsregirung längst herausgewachsen sei. Schon Friedrich der Große habe sich gehütet, unfähige Minister zu seinen Werkzeugen zu wählen.

**) Iuvenalis Satirae, Sat. VI, versus 220—224:

Pone crucem servo; meruit quo crimine servus
Supplicium? quis testis adest, quis detulit? audi,
Nulla unquam de morte hominis cunctatio longa est.
O demens, ita servus homo est? nil fecerit, esto.
Hoc volo, sic jubeo, sit pro ratione voluntas.

Ihm waren zwei einander fördernde Begabungen eigen, des Feldherrn und eines hausbackenen, bürgerlichen Verständnisses für die Interessen seiner Unterthanen. Ohne die erste würde er nicht in der Lage gewesen sein, die zweite dauernd zu be= thätigen, und ohne die zweite würde sein militärischer Erfolg ihm die Anerkennung der Nachwelt nicht in dem Maße er= worben haben, wie es der Fall ist — obschon man von den europäischen Völkern im Allgemeinen sagen kann, daß diejenigen Könige als die volksthümlichsten und beliebtesten gelten, welche ihrem Lande die blutigsten Lorbeern gewonnen, zuweilen auch wieder verscherzt haben. Karl XII. hat seine Schweden eigen= sinnig dem Niedergange ihrer Machtstellung entgegen geführt, und dennoch findet man sein Bild in den schwedischen Bauern= häusern als Symbol des schwedischen Ruhmes häufiger als das Gustav Adolfs. Friedliebende, civilistische Volksbeglückung wirkt auf die christlichen Nationen Europas in der Regel nicht so werbend, so begeisternd wie die Bereitwilligkeit, Blut und Vermögen der Unterthanen auf dem Schlachtfelde siegreich zu verwenden. Ludwig XIV. und Napoleon, deren Kriege die Nation ruinirten und mit wenig Erfolg abschlossen, sind der Stolz der Franzosen geblieben, und die bürgerlichen Verdienste anderer Monarchen und Regirungen treten gegen sie in den Hintergrund. Wenn ich mir die Geschichte der europäischen Völker vergegenwärtige, so finde ich kein Beispiel, daß eine ehrliche und hingebende Pflege des friedlichen Gedeihens der Völker für das Gefühl der letzteren eine stärkere Anziehungs= kraft gehabt hätte als kriegerischer Ruhm, gewonnene Schlachten und Eroberungen selbst widerstrebender Landstriche.

Im Gegensatz gegen seinen Vater hatte Friedrich II. unter dem Einfluß der veränderten Zeiten und seines Verkehrs mit ausländischen Schöngeistern ein Beifallsbedürfniß, das sich früh im Kleinen verrieth. In seinem Briefwechsel mit dem Grafen Seckendorff sucht er diesem alten Sünder durch Excesse auf dem

geschlechtlichen Gebiet und daraus folgende Krankheiten zu imponi-
ren, und seinen Aufbruch nach Schlesien gleich nach dem Regirungsantritt bezeichnet er selbst als das Ergebniß seines Verlangens nach
Ruhm. Er versandte Gedichte aus dem Felde mit der Unterschrift:
„Pas trop mal pour la veille d'une grande bataille". Aber das
Verlangen nach Beifall, love of approbation, ist in einem Monarchen eine mächtige und mitunter nützliche Triebfeder; fehlt dieselbe,
so verfällt er leichter als ein anderer in genußsüchtige Unthätig-
keit; un petit roy d'Yvetot, se levant tard, se couchant tôt,
dormant fort bien sans gloire, ist auch kein Glück für sein Land.

Hätte die Welt den „großen" Friedrich, hätte sie den
heldenmüthigen Einsatz Wilhelm's I. erlebt, wenn beide ohne
Beifallsbedürfniß gewesen wären? Die Eitelkeit an sich ist
eine Hypothek, welche von der Leistungsfähigkeit des Mannes,
auf dem sie lastet, in Abzug gebracht werden muß, um den
Reinertrag darzustellen, der als brauchbares Ergebniß seiner
Begabung übrig bleibt. Bei Friedrich II. waren Geist und
Muth so groß, daß sie durch keine Selbstüberschätzung ent-
werthet werden konnten und daß man Uebertreibungen seines
Selbstvertrauens, wie bei Colin und Kunersdorf, bei der Ver-
gewaltigung des Kammergerichts in dem Arnold'schen Processe
und bei der Mißhandlung Trenck's, ohne Schaden für das
Gesammturtheil in den Kauf nimmt. Bei Wilhelm I. war
das Bewußtsein als preußischer Offizier und als preußischer
König sehr lebhaft, aber die edlen Eigenschaften seines Herzens,
die Zuverlässigkeit und Gradheit seines Charakters waren groß
genug, um die Belastung zu ertragen, um so mehr, als sein
Bedürfniß nach Anerkennung frei von Selbstüberschätzung, im
Gegentheil seine vornehme Bescheidenheit ebenso groß wie sein
Pflichtgefühl und seine Tapferkeit war. Das versöhnende
Element für alle Schärfen in Charakter und Haltung unsrer
früheren Könige lag in ihrem herzlichen und ehrlichen Wohlwollen
für ihre Unterthanen und Diener, in ihrer Treue gegen Beide.

Die Gewohnheit Friedrich's des Großen, in die Ressorts seiner Minister und Behörden und in die Lebensverhältnisse seiner Unterthanen einzugreifen, schwebt Sr. Majestät zeitweise als Muster vor. Die Neigung zu Randbemerkungen in dessen Stile, verfügender oder kritisirender Natur, war während meiner Amtszeit so lebhaft, daß dienstliche Unbequemlichkeit daraus entstand, weil der drastische Inhalt und Ausdruck dazu nöthigte, die betreffenden Actenstücke streng zu secretiren. Vorstellungen, welche ich darüber an Se. Majestät richtete, fanden keine gnädige Aufnahme, hatten indessen doch die Folge, daß die Marginalien nicht mehr auf den Rand unentbehrlicher Actenstücke geschrieben, sondern denselben angeklebt wurden. Die weniger complicirte Verfassung und der geringere Umfang Preußens gestatteten Friedrich dem Großen eine leichtere Uebersicht der Gesammtlage des Staates im Innern und nach außen, so daß für einen Monarchen von seiner geschäftlichen Erfahrung, seiner Neigung zu gründlichster Arbeit und seinem klaren Blicke die Praxis kurzer Randbescheide im Cabinets= dienste weniger Schwierigkeit darbot als in den heutigen Ver= hältnissen. Die Geduld, mit welcher er sich vor definitiven Entscheidungen über Rechts= und Sachfragen unterrichtete, die Gutachten competenter und sachkundiger Geschäftsleute hörte, gab seinen Marginalien ihre geschäftliche Autorität.

An dem Erbe Friedrich Wilhelm's II. ist Kaiser Wilhelm II. nach zwei Richtungen hin nicht unbetheiligt. Die eine ist die starke sexuelle Entwicklung, die andre eine gewisse Empfäng= lichkeit für mystische Einflüsse. Auf welche Weise der Kaiser sich über den Willen Gottes vergewissert, in dessen Dienst er seine Thätigkeit stellt, darüber wird kaum ein klassisches Zeugniß beizubringen sein. Die Andeutungen in dem Phantasiestück King and Minister: A Midnight Conversation *) von einem

---

*) Contemporary Review, April 1890, pag. 457.

„Buch der Gelübde" und den Miniatürbildern der drei großen
Vorfahren geben keine Klarheit.

Mit Friedrich Wilhelm III. finde ich keine Aehnlichkeit in
der Erscheinung Wilhelm's II. Jener war schweigsam, schüchtern,
offnen Schaustellungen und Popularitätsbestrebungen abgeneigt.
Ich erinnere mich, daß er bei einer Revue in Stargard zu
Anfang der dreißiger Jahre über die Ovationen, mit welchen
man sein Behagen inmitten seiner pommerschen Unterthanen
störte, in dem Momente, als man ihm „Heil Dir im Sieger=
kranz", untermischt mit Hurrahschreien, auf kurze Entfernung
in das Gesicht sang, in eine Verstimmung gerieth, deren lauter
und energischer Ausdruck die Sänger sofort verstummen ließ.
Wilhelm I. hatte Antheil an diesem väterlichen Erbe selbst=
bewußter Bescheidenheit und wurde empfindlich berührt, wenn
die ihm dargebrachte Huldigung die Grenzen des guten Ge=
schmacks überschritt. Schmeicheleien à brûle pourpoint machten
ihn verstimmt; sein Entgegenkommen für jeden Ausdruck sym=
pathischer Treue erkaltete momentan unter dem Eindruck der
Uebertreibung und des Streberthums.

Mit Friedrich Wilhelm IV. hat der regirende Kaiser die
Gabe der Beredtsamkeit und das Bedürfniß gemein, sich ihrer
öfter als geboten zu bedienen. Auch ihm fließen die Worte
leicht zu; in der Wahl derselben war aber sein Großoheim
vorsichtiger, vielleicht auch arbeitsamer und wissenschaftlicher.
Für den Großneffen ist der Stenograph nicht immer zulässig,
an den Reden Friedrich Wilhelm's IV. dagegen läßt sich selten
eine sprachliche Kritik anbringen. Dieselben sind ein beredter
und mitunter dichterischer Ausdruck der Gedanken, welche jene
Zeit in Bewegung zu setzen im Stande waren, wenn die ent=
sprechenden Thaten gefolgt wären. Ich erinnere mich sehr
wohl der Begeisterung, welche die Krönungsrede und Aus=
lassungen des Königs bei andern öffentlichen Gelegenheiten
(„Alaaf Köln") erregten. Wenn ihnen thatkräftige Ent=

schließungen in demselben schwunghaften Sinne gefolgt wären, so hätten sie schon damals eine gewaltige Wirkung hervorbringen können, um so mehr, als man in Betreff politischer Gemüthsbewegungen noch nicht abgestumpft war. In den Jahren 1841 und 1842 war mit weniger Mitteln mehr zu erreichen als 1849. Darüber läßt sich unpartheiisch urtheilen, nachdem das damals Wünschenswerthe erreicht ist und im nationalen Sinne das Bedürfniß von 1840 nicht mehr vorliegt, im Gegentheil. Le mieux est l'ennemi du bien ist eins der durchschlagendsten Sprichwörter, gegen welches zu sündigen die Deutschen theoretisch mehr Neigung haben als andre Völker. Mit Friedrich Wilhelm IV. hat Wilhelm II. darin eine Aehnlichkeit, daß die Grundlage ihrer Politik in der Vorstellung wurzelt, daß der König, und er allein, den Willen Gottes näher kenne als Andre, nach demselben regire und deshalb vertrauensvollen Gehorsam verlange, ohne sein Ziel mit den Unterthanen zu discutiren oder denselben kundzugeben. Friedrich Wilhelm IV. hatte an dieser seiner bevorzugten Stellung zu Gott keinen Zweifel; sein ehrlicher Glaube entsprach dem Bilde von dem Hohenpriester der Juden, der allein hinter den Vorhang tritt.

In gewissen Beziehungen sucht man vergebens nach Analogien zwischen Wilhelm II. und seinen nächsten drei Ascendenten; Eigenschaften, welche Grundzüge in den Charakteren Friedrich Wilhelm's III., Wilhelm's I. und Friedrich's III. bildeten, treten bei dem jungen Herrn nicht in den Vordergrund. Ein gewisses schüchternes Mißtrauen in die eigne Leistungsfähigkeit hat in der vierten Generation einem Maße von zuversichtlichem Selbstvertrauen Platz gemacht, wie wir es seit Friedrich dem Großen nicht auf dem Throne gesehn haben, doch nur bei dem regirenden Herrn. Sein Bruder, Prinz Heinrich, scheint das gleiche Mißtrauen in eigne Kräfte und die gleiche innerliche Bescheidenheit zu haben, die man trotz allem olympischen Bewußtsein bei näherer Bekanntschaft in den

Kaisern Friedrich und Wilhelm I. zum Grunde liegend fand. Bei dem Letzteren gehörte das starke und gläubige Gott= vertrauen dazu, um bei der bescheidenen und vor Gott und Menschen demüthigen Auffassung der eignen Persönlichkeit die Festigkeit der Entschlüsse zu gewähren, welche er in der Con= flictszeit an den Tag gelegt hat. Beide Herren versöhnten durch ihre Herzensgüte und ihre ehrliche Wahrheitsliebe mit gelegentlichen Abweichungen von der landläufigen Einschätzung der praktischen Wirkungen königlicher Geburt und Salbung.

Wenn ich mir ein Bild des jetzigen Kaisers nach Abschluß meiner Beziehungen zu seinem Dienste zu machen suche, so finde ich in ihm Eigenschaften seiner Vorfahren in einer Weise verkörpert, die für meine Anhänglichkeit eine starke Anziehungs= kraft haben würden, wenn sie durch das Princip einer Gegen= seitigkeit zwischen Monarch und Unterthanen, zwischen Herrn und Diener belebt wären. Das germanische Lehnrecht gibt dem Vasallen außer dem Besitz des Gegenstandes wenig An= spruch, aber doch den auf Gegenseitigkeit der Treue zwischen ihm und dem Lehnsherrn; Verletzung derselben von der einen wie von der andern Seite heißt Felonie. Wilhelm I., sein Sohn und seine Vorfahren besaßen das entsprechende Gefühl in hohem Maße, und dasselbe ist die wesentliche Basis der Anhänglichkeit des preußischen Volkes an seinen Monarchen, was psychologisch erklärlich ist, denn die Neigung, einseitig zu lieben, liegt nicht als dauernde Triebkraft in der menschlichen Seele. Kaiser Wilhelm II. gegenüber habe ich mich des Ein= drucks einseitiger Liebe nicht erwehren können; das Gefühl, welches die festeste Grundlage der Verfassung des preußischen Heeres ist, das Gefühl, daß der Soldat den Offizier, aber auch der Offizier den Soldaten niemals im Stiche läßt, ein Gefühl, welchem Wilhelm I. seinen Dienern gegenüber bis zur Ueber= treibung nachlebte, ist in der Auffassung des jungen Herrn bisher nicht in dem Maße erkennbar; der Anspruch auf un=

bedingte Hingebung, auf Vertrauen und unerschütterliche Treue ist in ihm gesteigert, eine Neigung, dafür seinerseits Vertrauen und Sicherheit zu gewähren, hat sich bisher nicht bethätigt. Die Leichtigkeit, mit welcher er bewährte Diener, auch solche, die er bis dahin als persönliche Freunde behandelt hat, ohne Klarstellung der Motive von sich scheidet, fördert nicht, sondern schwächt den Geist des Vertrauens, wie er seit Generationen in den Dienern der Könige von Preußen gewaltet hat.

Mit dem Uebergange von hohenzollern'schem Geiste auf coburg-englische Auffassungen geht ein Imponderabile verloren, welches schwer zu ersetzen sein wird. Wilhelm I. schützte und deckte seine Diener, auch wenn sie unglücklich oder ungeschickt waren, vielleicht über das Maß des Nützlichen hinaus, und hatte in Folge dessen Diener, die ihm über das Maß des für sie Nützlichen hinaus anhingen. Sein warmherziges Wohlwollen für Andere überhaupt wurde unzerstörbar, wenn seine Dankbarkeit für geleistete Dienste dazu trat. Es lag ihm stets fern, den eignen Willen als alleinige Richtschnur und Verletzungen der Gefühle Anderer als gleichgültig anzusehen. Seine Formen Untergebenen gegenüber blieben stets die eines wohlwollenden hohen Herrn und milderten Verstimmungen, die geschäftlich vorkamen. Hetzereien und Verleumdungen, die sein Ohr erreichten, glitten an seiner vornehmen Geradheit ab, und Streber, deren einziges Verdienst in der Schamlosigkeit von Schmeichelei besteht, hatten bei Wilhelm I. keine Aussicht auf Erfolg. Für Hintertreppen-Einflüsse und Verhetzungen gegen seine Diener war er nicht zugänglich, selbst wenn sie von den ihm nächststehenden hochgestellten Personen ausgingen, und trat er in Erwägung des ihm Mitgetheilten ein, so geschah das in offner Besprechung mit dem Betheiligten, hinter dessen Rücken es hatte wirken sollen. Wenn er andrer Meinung war wie ich, so sprach er sich offen gegen mich aus, discutirte die Frage mit mir, und wenn es mir nicht gelang, ihn für meine Ansicht zu gewinnen, so fügte ich mich wo möglich, und war es mir nicht möglich, vertagte ich die Sache oder ließ sie definitiv fallen. Meine Unabhängigkeit in Leitung der Politik ist von meinen Freunden ehrlich, von meinen Gegnern tendenziös überschätzt worden, weil ich auf Wünsche, denen der König dauernd und aus eigener Ueberzeugung Widerstand entgegen setzte, verzichtete, ohne sie bis zum Conflict zu vertreten. Ich nahm auf Abschlag, was erreichbar war, und zum strike meinerseits kam es nur in Fällen, wo wie in der Reichsglockenfrage durch die Kaiserin und in der Usedom'schen durch maurerische Einwirkungen mein persönliches Ehrgefühl in Mitleidenschaft gezogen wurde; ich bin weder Höfling noch Maurer gewesen.

Der Kaiser zeigt das Bestreben, durch Concessionen an seine Feinde die Unterstützung seiner Freunde entbehrlich zu machen. Auch sein Großvater machte bei Antritt der Regentschaft den Versuch, die allgemeine Zufriedenheit seiner Unterthanen zu gewinnen, ohne deren Gehorsam zu verlieren und so die staatliche Sicherheit zu gefährden; aber nach vierjähriger Erfahrung erkannte er die Irrthümer seiner Rathgeber und seiner Gemahlin, welche annahmen, daß Gegner der Monarchie durch liberale Concessionen in Freunde und Stützen derselben verwandelt werden würden. Er war dann 1862 eher geneigt, abzudanken als dem parlamentarischen Liberalismus weiter nachzugeben, und nahm gestützt auf die latenten, aber schließlich stärkeren treuen Elemente den Kampf auf.

Der Kaiser hat, in seiner christlichen, aber in den Dingen dieser Welt nicht immer erfolgreichen Tendenz der Versöhnung, mit dem schlimmsten Feinde, der Socialdemokratie, den Anfang gemacht. Dieser erste Irrthum, der sich in der Behandlung der Streiks von 1889 verkörperte, hat zu gesteigerten Ansprüchen der Socialisten und neuen Verstimmungen des Monarchen geführt, sobald sich heraus stellte, daß unter dem neuen Regimente ebenso wie unter dem alten der beste monarchische Wille nicht die Macht hat, die Natur der Dinge und des Menschengeschlechtes umzuwandeln. Der Kaiser war ohne eine Erfahrung auf dem Gebiete menschlicher Leidenschaften und Begehrlichkeiten; daß er aber das frühere Vertrauen zu dem Urtheil und der Erfahrung Anderer verloren hatte, war ein Ergebniß von Intriguen, durch welche er in der Unterschätzung der Schwierigkeit des Regirens bestärkt wurde nicht nur von unberufenen Rathgebern wie Hinzpeter, Verlepsch, Heyden, Douglas und anderen unverfrorenen Schmeichlern, sondern auch von strebsamen Generälen und Adjutanten, von Collegen, auf deren Unterstützung ich angewiesen war, wie Boetticher, der ein anderes Ressort als das, mich zu unterstützen, als Minister nicht hatte, sogar von einzelnen meiner Räthe, die gleich dem Präsidenten von Verlepsch sich gern und heimlich hergaben, wenn der Kaiser sie mit Umgehung ihrer Vorgesetzten befragte. Vielleicht wird er der Socialdemokratie gegenüber bei derselben Enttäuschung anlangen wie sein Großvater 1862 gegenüber der Fortschrittspartei.

Dieselbe Politik des Entgegenkommens, um nicht zu sagen Nachlaufens, ist mit dem Centrum angenommen worden, mit Windthorst, den nur gesprochen zu haben der Kaiser zu einem der äußerlichen Anlässe des Bruches mit mir nahm und dessen amtliche Ehrung nach meiner Entlassung bis zur Apotheose nach seinem Tode gesteigert wurde — ein wunderlicher „preußischer" Heiliger. Es ist zu befürchten, daß auch diese begünstigte Stütze der Monarchie eine weichende sein wird in Momenten, wo man ihrer bedarf. Jedenfalls wird die volle Befriedigung der Bundesgenossen, welche die preußische Monarchie und das evangelische Kaiserthum bei dem Centrum und dem Jesuitenorden finden könnte, sich als ebenso unerreichbar erweisen wie die der Socialisten, und es wird sich im Falle der Gefahr und Noth um analoge Ergebnisse handeln, wie bei dem Verfall des Deutschen Ordens in Preußen den Söldnern

gegenüber Statt fanden, welche der Orden nicht bezahlen
konnte. Die Neigung des Kaisers, antimonarchische und auch
antipreußische Kräfte wie die Polen in den Dienst der Krone
zu stellen, giebt Sr. Majestät momentan Mittel zum Druck auf
Parteien und Fractionen, welche principiell treu zu den mon=
archischen Traditionen halten. Die Drohung, daß er, wenn
ihm nicht unbedingt gehorcht werde, sich weiter nach links
wenden werde, daß er die Socialisten, die Krypto=Republikaner
der freisinnigen Partei, die ultramontanen Kräfte an das Ruder
bringen könne, kurz das „Acheronta movebo", welches sich in
dem Nachlaufen hinter unversöhnlichen Gegnern kennzeichnet,
schüchtert die hergebrachten Stützen der monarchischen Gewalt
ein. Sie fürchten, „es könnte noch schlimmer werden", und der
Kaiser ist ihnen gegenüber heut in der Lage eines Schiffscapi=
täns, dessen Leitung bei der Mannschaft Besorgniß erregt, der
aber mit brennender Cigarre über der Pulvertonne sitzt.

Auch dem Auslande, dem befreundeten, dem feindseligen,
dem zweifelhaften gegenüber sind die Liebenswürdigkeiten weiter
gegangen, als mit der Vorstellung verträglich, daß wir uns
vermöge eigner Schwerkraft sicher fühlten. Es gab eben nie=
manden, weder in dem Auswärtigen Amte noch am Hofe, der
mit der internationalen Psychologie hinreichend vertraut war,
um die Wirkungen des diesseitigen Verfahrens in der Politik
richtig zu berechnen; weder der Kaiser noch Caprivi noch
Marschall waren durch ihr Vorleben dazu vorbereitet, und das
politische Ehrgefühl der Rathgeber der Krone war befriedigt
durch des Kaisers Unterschrift, unabhängig vom Erfolge für
das Reich.

Die Versuche, die Liebe der Franzosen zu gewinnen (Meis=
sonnier), in deren Hintergrunde der Gedanke eines Besuchs in
Paris schlummern mochte, die Bereitwilligkeit, die Grenzmauer
der Vogesen wieder gangbar zu machen, haben kein anderes
Ergebniß gehabt, als daß die Franzosen dreister und der Statt=

halter ängstlicher wurden. Die dem russischen Monarchen per=
sönlich unbequeme Anmeldung des Kaisers im Herbst 1889 zu
einem zweiten, 1890 ausgeführten Besuche hatte unerfreuliche
Ergebnisse. Nicht richtiger erscheint mir das Verhalten Eng=
land und Oestreich gegenüber. Anstatt bei ihnen die Vorstel=
lung zu nähren, daß wir schlimmsten Falls auch ohne sie nicht
verloren sind, ist ihnen gegenüber ein System der Trinkgelder
gehandhabt worden, dessen Kosten bei uns schwer empfunden
werden und das uns als hülfsbedürftig erscheinen läßt, während
beide unserer Hülfe mehr bedürfen als wir der ihrigen. Eng=
land könnte bei der Mangelhaftigkeit seiner Landstreitkräfte,
wenn es von Frankreich oder von Rußland in Indien und im
Orient bedroht würde, gegen jede dieser Bedrohungen Deckung
finden im Beistande Deutschlands. Wenn man aber bei uns
mehr Gewicht auf die Freundschaft Englands legt als Eng=
land auf die unserige, so wird damit die Selbstüberschätzung
Englands uns gegenüber befestigt und die Ueberzeugung, daß
wir uns geehrt fühlen, wenn wir ohne Gegenleistung für eng=
lische Zwecke ins Feuer gehn können. Noch zweifelloser ist in
unseren Beziehungen zu Oestreich die größere Bedürfnißlosig=
keit auf unserer Seite und nicht abzusehn, weshalb wir bei den
Begegnungen in Schlesien den ohnehin sichern Besitz unserer
gegenseitigen Anlehnung durch das Versprechen wirthschaftlicher
Concessionen zu erkaufen oder zu befestigen ein Bedürfniß ge=
habt hätten. Die Redensart, daß Verschmelzung der wirth=
schaftlichen Interessen, das heißt Begünstigung der östreichischen
auf Kosten der deutschen, eine nothwendige Folge unserer poli=
tischen Intimität sei, ist mir zehn Jahre lang in wechselnden
Formen von Wien her entgegen getreten, und ich bin der darin
liegenden Zumuthung ohne schroffe Ablehnung, aber auch ohne
ihnen im Geringsten nachzugeben, mit freundlicher Höflichkeit
ausgewichen, bis dieselbe in Wien als aussichtslos erkannt und
aufgegeben wurde. Aber in Rohnstock scheint zwischen den

beiden Kaisern die Zumuthung von östreichischer Seite so geschickt in den Vordergrund geschoben zu sein, daß die natürliche
Neigung, dem Gastfreunde angenehm zu sein, diesseitige Zu-
sagen erzeugt haben mag, welche der Kaiser Franz Joseph
utiliter acceptirt hat. Bei den folgenden Besprechungen der
Minister wird ebenfalls die östreichische routinirte Geschäfts-
gewandtheit unsern Neulingen und Freihändlern gegenüber im
Vortheil gewesen sein. Es mag sein, daß militärisch mein
Freund und College Kalnoky meinem Nachfolger nicht gewachsen gewesen wäre, auf dem Felde der wirthschaftlichen
Diplomatie aber war er ihm überlegen, obwohl auch von Hause
aus nicht Fachmann.

Eine Wandlung in den persönlichen Beziehungen zwischen
den Kaisern Wilhelm II. und Alexander III. hat auf die Stimmung des Ersteren zunächst eine Wirkung gehabt, die nicht ohne
Besorgniß zu beobachten war.

Im Mai 1884 wurde der Prinz Wilhelm von seinem Großvater nach Rußland geschickt, um den Thronfolger bei erreichter
Großjährigkeit zu beglückwünschen. Die nahe Verwandtschaft,
die Verehrung des Kaisers Alexander für seinen Großoheim
sicherten ihm einen wohlwollenden Empfang und eine aus-
zeichnende Behandlung, an die er damals in eigner Familie
noch nicht gewöhnt war; vom Großvater instruirt, trat er vorsichtig und zurückhaltend auf; der Eindruck war auf beiden
Seiten befriedigend. Im Sommer 1886 ging der Prinz wieder
nach Rußland, um den Kaiser, der in den polnischen Provinzen
Revüen abhielt, in Brest-Litowsk zu begrüßen. Hier wurde er
noch freundlicher als bei seinem ersten Besuche empfangen und
hatte Gelegenheit, Ansichten zu äußern, welche dem Kaiser zu-
sagten, nachdem dessen Bruch mit dem Fürsten Alexander von
Bulgarien erfolgt war und der russische Einfluß in Constantinopel mit dem englischen bis zur Spannung zu kämpfen hatte.
Der Prinz war in frühster Jugend gegen England und alles

Englische eingenommen und gegen die Königin Victoria ver=
stimmt, wollte auch von einer Verbindung seiner Schwester mit
dem Battenberger nichts wissen. Potsdamer Offiziere erzählten
damals von drastischen Auslassungen anti-englischer Stimmung
des Prinzen. Es war ihm natürlich, auf das politische Ge=
spräch, in welches der Kaiser ihn zog, ganz in dessen Sinne
einzugehn, vielleicht weiter, als der Zar traute. Der Eindruck,
das volle Vertrauen Alexander's III. gewonnen zu haben, war
vielleicht nicht zutreffend.

In der Absicht, seine Beziehungen zu dem russischen Kaiser,
der auf dem Rückwege von Kopenhagen im November 1887
Berlin berührte, politisch zu verwerthen, fuhr er demselben in
der Nacht bis Wittenberge entgegen. Dort schlief der Kaiser
noch, und der Prinz bekam ihn erst kurz vor der Ankunft in
Berlin und in Gegenwart eines Theils des Gefolges zu sehen.
Nach dem Diner im Palais sagte er zu einem Herrn, indem
er mit ihm die Treppe hinabging, es habe sich ihm keine Ge=
legenheit geboten, mit dem russischen Kaiser zu sprechen. Die
Zurückhaltung des Gastes, die wenn nicht schon aus früheren
Beobachtungen, so jedenfalls daraus zu erklären war, daß der=
selbe in Kopenhagen von Wales'scher und welfischer Seite das
Urtheil erfahren hatte, welches damals in der königlichen
Familie in England über den Enkel der Königin herrschte, er=
zeugte bei dem Prinzen Wilhelm eine natürliche Verstimmung,
welche in der Umgebung bemerkt und von unberufenen mili=
tärischen Elementen, die damals Krieg gegen Rußland für in=
dicirt hielten, gesteigert und benutzt wurde. Der Generalstab
war so von diesem Gedanken erfüllt, daß der Generalquartier=
meister Graf Waldersee ihn mit dem östreichischen Botschafter
Grafen Szechenyi besprach. Der Letztere berichtete darüber nach
Wien, und nicht lange nachher fragte der Kaiser von Rußland
den deutschen Botschafter von Schweinitz: „Weshalb hetzen Sie
Oestreich gegen mich?"

Die Argumente, mit denen auf den Prinzen Wilhelm gewirkt worden war, lassen sich in einem Schreiben erkennen, welches er, inzwischen Kronprinz geworden, am 10. Mai 1888 an mich richtete und dessen Inhalt ich dem steigenden Einflusse des Grafen Walderfee zuschreibe, der den Moment für günstig hielt, Krieg zu führen und für den Generalstab verstärkten Einfluß auf die Reichspolitik zu beanspruchen.

„Berlin, 10. Mai 1888.

Ew. Durchlaucht

Schreiben vom 9. er. habe ich mit hohem Interesse gelesen; aus dem Inhalte desselben glaube ich aber entnehmen zu müssen, daß Ew. Durchlaucht meinen Randbemerkungen zu dem Wiener Bericht vom 28. April eine übertriebene Bedeutung beilegen und dadurch zu der Auffassung gelangt sind, ich sei zu einem Gegner der bisherigen friedlichen und abwartenden Politik geworden, welche Ew. Durchlaucht mit so viel Weisheit und Vorsicht geleitet haben und hoffentlich zum Segen des Vaterlandes noch recht lange leiten werden. Für diese Politik bin ich wiederholt eingetreten — Petersburg, Brest-Litowsk — und habe ich mich in allen entscheidenden Fragen stets, wie bekannt, auf die Seite Ew. Durchlaucht gestellt. Welches Ereigniß sollte eingetreten sein, um mich plötzlich anderen Sinnes zu machen? Die von mir gemachten Randbemerkungen, in welchen Ew. Durchlaucht eine Aufforderung meinerseits zu einer Modification unsrer bisherigen Politik zu erkennen meinen, bezweckten lediglich den Hinweis, daß über die Nothwendigkeit oder Nützlichkeit des Krieges die politischen und militärischen Ansichten — die ich dadurch zu Ihrer Kenntniß zu bringen beabsichtigte — auseinander gegangen seien; und daß die letzteren für sich betrachtet nicht ohne Berechtigung wären. Ich glaubte, ein solcher Hinweis würde für Ew. Durchlaucht nicht ohne Interesse sein, aber nie zu dem Glauben führen können, ich wollte die Politik den militärischen Wünschen unterordnen.

Um für die Zukunft jeder mißverständlichen Auffassung vorzubeugen und in theilweiser Anerkennung der von Ew. geltend gemachten Gründe werde ich hinfüro jede Rand= bemerkung auf den politischen Berichten unterlassen, doch werde ich mir vorbehalten, anderweitig Ew. Durchlaucht meine An= sichten mit aller Offenheit zur Kenntniß zu bringen.

Bei der Wichtigkeit der von Ew. Durchlaucht angeregten Fragen sehe ich mich genöthigt, auf dieselben näher einzugehn.

Ich bin durchaus Ew. Durchlaucht Ansicht, daß es uns selbst bei dem glücklichen Verlauf eines Krieges mit Rußland nicht gelingen wird, die Kampfesmittel Rußlands ganz und gar zu zerstören, doch meine ich, daß dieses Land nach einem für dasselbe unglücklichen Kriege in Folge der inneren politischen Mißstände in eine ganz andere Ohnmacht gelangen wird als irgend ein anderer europäischer Staat incl. Frankreich. Ich erinnere daran, daß Rußland nach dem Krimkriege fast 20 Jahre ohn= mächtig war, ehe es soweit sich erholte, daß es im Stande war, 1877 loszuschlagen [1]. Frankreichs Kampfesmittel wurden im Jahre 1871 nicht ausgiebig zerstört, denn unter den Augen, ja mit Hülfe des wohlwollenden siegreichen Gegners konnte eine neue Armee aufgestellt und formirt werden, um die Commune zu besiegen und um das Land vor gänzlichem Untergang zu retten; die in den Händen des Siegers befind= lichen Befestigungen von Paris wurden nicht geschleift, nicht einmal völlig desormirt, die Flotte blieb dem nicht vernichteten, sondern nur politisch gedemüthigten Frankreich erhalten. Diese eben angeführten Thatsachen beweisen zur Evidenz, daß wir, weit entfernt den Feind wirklich zu vernichten [2], den Stamm erhalten haben zu den jetzt uns bedrohenden ungeheuren Kampfesmitteln zu Wasser wie zu Lande seitens der Republik. Das war militärisch betrachtet falsch, politisch betrachtet jedoch völlig nach Lage der Dinge in Europa gegeben und in dem Moment richtig.

Je mehr die Republik nun erstarkte, desto größere Neigung zeigte Rußland — trotz loyalster Haltung und Absichten des Zaren — ohne von Deutschland im geringsten geschädigt worden zu sein, nur den günstigsten Augenblick zu erfassen, um im Bunde mit der Republik über uns herzufallen [3]). Diese drohende Lage entstand und besteht, nicht nach einem gegen Rußland freiwillig von uns geführten Kriege, sondern durch die gemeinschaftlichen Interessen der Panslavisten und des republikanischen Frankreichs, Deutschland als Hort der Monarchie niederzuwerfen.

Zu diesem Zweck verstärkten beide Nationen ihre Kampfesmittel systematisch an den entscheidenden Grenzen, ohne für dieses unqualificirbare Vorgehn unsererseits irgendwie provocirt zu sein, noch irgend eine haltbare Entschuldigung dafür vorzubringen.

Mit aus diesem Grunde brachte die durch Ew. Durchlaucht geleitete weise Politik meines hochseligen Herrn Großvaters Bündnisse zu Stande, welche sehr dazu beigetragen haben, uns vor Ueberfällen unseres geborenen Erbfeindes im Westen zu bewahren. Auch verstand diese Politik, Rußlands Herrscher zu unseren Gunsten einzunehmen [4]). Dieser Einfluß wird so lange fortbestehn, als der jetzige Zar die Macht, seinen Willen geltend zu machen, wirklich besitzt; geht sie verloren — und es sind viele Anzeichen dafür vorhanden [5]) — so ist es sehr wahrscheinlich, daß Rußland sich von unserem geborenen Feind nicht länger wird trennen lassen, um mit ihm den Krieg zu führen, wenn die beiderseitigen Kampfesmittel ihnen entwickelt genug erscheinen, um uns ungestraft zu vernichten.

Unter solchen Umständen wächst der Werth unserer Bundesgenossen; dieselben an uns zu fesseln [6]), ohne ihnen einen eingehenden Einfluß auf das Reich einzuräumen, wird die große, ich gebe zu, schwere [7]) Aufgabe einer vorsichtigen deutschen Politik sein und bleiben müssen. Es ist aber zu beachten, daß ein Theil dieser Bundesgenossen romanischen Stammes und mit Regirungsmechanismen versehn ist, deren absolute Sicherheit nicht so garantirt ist wie bei uns. Daher auf eine längere Bundesgenossenschaft wohl kaum zu rechnen sein dürfte, und der Krieg, zu dessen Abwehr respective Führung sie mithelfen sollen, besser früher als später geführt werden[8] muß.

Unsere Feinde werden es an Versuchen aller Art sicher nicht fehlen lassen, uns zu isoliren, die Bundesgenossen uns abwendig zu machen; jeder von uns begangene Fehler, jede Blöße, die sich die deutsche Politik giebt, wird solchen Bestrebungen Vorschub leisten. Zu solchen Fehlern müßte ich irgend eine Protegirung des Battenbergers[9] rechnen; Oestreich[10] würde in derselben eine Verletzung seiner speciellen Interessen finden, und Rußland würde die Genugthuung haben, uns von unsrem besten Bundesgenossen getrennt zu sehn; auch wissen, daß ein Krieg, der wegen des Battenbergers entstünde, für Deutschland kein volksthümlicher sein kann, bei dem der so nothwendige furor Teutonicus gänzlich fehlen würde.

Rußland würde mit Leichtigkeit Verhältnisse dann zu schaffen vermögen, die den Krieg zur Folge haben müßten; die öffentliche Meinung wird aber sicherlich Deutschland als Urheber desselben bezeichnen. Ich gebe zu, daß die Beschleunigung der Kriegsgefahr damit erreicht wäre, doch um welchen Preis? Sie zu erstreben liegt mir[11] völlig fern. Da der Krieg gegen Westen fortgesetzt in Sicht war und dementsprechend militärische Vorbereitungen getroffen wurden, derselbe auch, wie Ew. hervorheben, im Westen in jeder Hinsicht mehr Vortheile[12] verspricht wie der im Osten, so würden die militärischen Autoritäten der Politik besonders dankbar sein müssen, welche, sobald der Krieg als unvermeidlich erkannt ist, die Führung desselben[13] im Westen wirklich sicherzustellen im Stande wäre.

Aber auch ich bin der Ansicht, daß wir den Krieg nach

beiden Seiten haben, wenn wir ihn auf der Ostseite be-
ginnen, Frankreich wird nur in dem Fall nicht losschlagen,
wenn es sich in einer inneren, besonders schweren Krisis befindet, oder wenn wieder militärische Schwierigkeiten eintreten sollten, wie sie im vorigen Herbst ziemlich bestimmt
bestanden haben (Fehlschlagen der Melinitgeschosse und Un-
brauchbarkeit des neuen Gewehrs, niederschmetternder Eindruck
der Resultate des Beschießens der Sperrforts·bei Jüterbogk).
Dagegen ist nicht mit absoluter Sicherheit vorherzusehn [14),
daß, wenn wir mit Frankreich Krieg führen müssen, Rußland
sich eo ipso passiv uns gegenüber verhalten wird.

Jederzeit, ganz besonders aber unter Verhältnissen, wie
solche im vorigen Herbst bestanden, ist es Pflicht des Großen
Generalstabes [15), die eigene militärische Lage und die der Nachbarn scharf in's Auge zu fassen, sowie die Vortheile und
Nachtheile, die sich in militärischer Beziehung bieten können,
sorgsam abzuwägen. Die so gewonnene Ansicht, nicht über die
zu führende Politik, sondern über die im Dienst derselben und
durch deren augenblickliche Lage bedingten militärischen Maßregeln muß durch die Spitze des Generalstabes dem Leiter [16)
der Politik mit aller Offenheit und mit Festhalten des militärischen Standpunktes zur Kenntniß gebracht werden. Hierin
liegt meines Erachtens eine durchaus erforderliche Hülfe für
die Leitung auch der friedliebendsten Politik [17).

In diesem Sinne möchte ich meine ominösen Randbemerkungen zu dem Bericht vom 28. April aufgefaßt wissen;
sie sollten zugleich darauf hinweisen, daß, obgleich die deutsche
Politik in der friedfertigsten Weise geleitet werden mußte,
die militärischen Autoritäten Deutschlands und Oestreichs mit
vollstem Recht im Herbst vorigen Jahres auf die günstige [18)
militärische Gelegenheit aufmerksam machen mußten,
welche sich für ein kriegerisches Vorgehn beider Länder bot [19).

Trotz meiner so viel Aufregung verursachenden Marginalia

möchte ich doch überzeugt sein, daß Ew. Durchlaucht mit dem besten Gewissen bei einem etwa erfolgenden Regirungswechsel mit derselben Sicherheit als bisher das friedliche Verhalten der deutschen Politik in Aussicht zu stellen im Stande sein werden [20]).

Wilhelm
Kronprinz des Deutschen Reichs und von Preußen."*)

Am 15. Juni 1888 wurde der Kronprinz Kaiser. Gerade eine Woche später erhielt ich indirect Kenntniß von einer Allerhöchsten Auslassung, welche besagte, daß der Kaiser von verschiedenen Artikeln in Berliner Zeitungen auf das Unangenehmste berührt sei: es handele sich besonders um „Berliner Tageblatt", Abendausgabe vom 20. Juni, und Artikel der „Berliner Zeitung" und „Berliner Presse" vom 21. Juni, die

---

*) Bemerkungen, Zusätze ꝛc. des Reichskanzlers zu vorstehendem Schreiben: [1]) Am Rande: Walderjee [2]) Am Rande: 40 Millionen! und Europa? [3]) über uns herzufallen eingeklammert, Fragezeichen darüber sowie am Rande, und dort: den Bosporus zu gewinnen [4]) Auch bis einzunehmen unterstrichen und Strich am Rande [5]) Fragezeichen [6]) Am Rande: In diesen Worten liegt wohl der Keim der Handelsverträge von 1891 [7]) Fragezeichen [8]) besser bis werden unterstrichen, Fragezeichen nach früher und Ausrufzeichen am Rande [9]) des Battenbergers unterstrichen, Ausrufzeichen und Strich am Rande [10]) Fragezeichen [11]) mir unterstrichen und darüber: aber Walderjee?? [12]) Fragezeichen [13]) Nach desselben in Klammern über der Zeile: nur? [14]) mit bis vorherzusehn unterstrichen und am Rande: gewiß nicht, doch eher zu machen als umgekehrt! [15]) des Großen Generalstabes doppelt unterstrichen und darüber: Walderjee [16]) Spitze bis Leiter unterstrichen [17]) Zusatz: Walderjee's Politik! wenn der sie leitete!! und der soll Kanzler werden? [18]) günstige doppelt unterstrichen, am Rande Ausruf- und Fragezeichen [19]) Zwei Fragezeichen [20]) Zwischen Text und Unterschrift: es wäre ein Unglück wenn —

geschrieben schienen, um den Glauben zu erwecken, daß ein
Zwiespalt zwischen Sr. Majestät und dem Reichskanzler be=
treffs des Grafen Waldersee bestände, das heißt daß auch jetzt
Frictionen in den maßgebenden Regirungskreisen existirten
beziehungsweise im Anzuge wären, wie sie zur Regirungszeit
Kaiser Friedrich's wiederholt öffentlich besprochen worden seien;
Se. Majestät befürchte, daß die auswärtige Presse jene Artikel
commentiren werde, und wünsche deshalb, daß die Regirungs=
presse unter Richtigstellung der Sachlage gegen die bezeichneten
Preßangriffe Stellung nehme. Der Kaiser stehe nach wie vor
auf demselben Standpunkt, den er im Monat Mai entwickelt
habe: daß er nie dem Grafen Waldersee, trotz seiner Werth=
schätzung für ihn, einen unberechtigten Einfluß auf die aus=
wärtige Politik einräumen und daß unter seiner Regirung
keine Hofcamarilla existiren werde; vielmehr sei er überzeugt,
daß unter den Leuten, denen er sein Vertrauen geschenkt habe
und die ihm dienten, keine Parteiungen existirten, sondern daß
Alle ihm auf dem Wege folgten, der zu dem von ihm als
richtig erkannten Ziele führe [1]).

Vom 19. bis zum 24. Juli war der Kaiser zum Besuch in
Peterhof. Die Eindrücke, welche er dort hinterlassen hat, sind
vollständig erst später zu meiner Kenntniß gelangt und Seite 84
erwähnt. Daß er selbst eine Verstimmung in die Politik
übertrug, wurde erst im Juni des folgenden Jahres, während
ich in Varzin war, in zwei Vorgängen wahrnehmbar.

Der Graf Philipp Eulenburg, Gesandter in Oldenburg,
wegen gesellschaftlicher Talente bei Sr. Majestät in besonderer
Gnade stehend und häufig nach Hofe berufen, vertraute mei=
nem Sohne, der Kaiser halte meine Politik für zu „russen=
freundlich"; ob mein Sohn oder ich selbst nicht versuchen
wollten, durch Entgegenkommen und erläuternde Darlegung

---

[1]) S. Anlage III, unten S. 171.

die Stimmung Sr. Majestät zu beseitigen. Mein Sohn fragte, was russenfreundlich heiße? Man solle ihm politische Actionen bezeichnen, die zu russenfreundlich, das heißt also für unsere Politik nachtheilig seien. Unsere auswärtige Politik sei ein durchdachtes und sorgsam behandeltes Ganzes, welches die amateurs-Politiker und Militärs, die Sr. Majestät in die Ohren bliesen, nicht übersähen. Wenn Se. Majestät kein Ver= trauen habe und sich durch Intriganten einnehmen lasse, so solle er doch meinen Sohn und mich in Gottes Namen gehn lassen; er habe nach bestem Gewissen und Vermögen an meiner Politik mitgearbeitet und seine Gesundheit in den unleidlichen Zerrungen, in deren Mittelpunkt er sich stets befände, zuge= setzt. Wenn er jetzt noch eine Politik auf „Stimmung" machen solle, so gehe er lieber heut als morgen. Graf Eulenburg, der eine andere Antwort erwartet haben dürfte, lenkte hierauf mit der dringenden Bitte ein, seinen Bemerkungen keine wei= tere Folge zu geben: er habe sich wohl ungeschickt ausgedrückt.

Einige Tage später, während der Schah von Persien in Berlin zum Besuche war, ertheilte der Kaiser meinem Sohne die Weisung, es müsse in der Presse gegen die neue russische Anleihe geschrieben werden; er wolle nicht, daß noch mehr deutsches Geld für russische Papiere nach Rußland ginge, welches letztere damit nur seine Kriegsrüstungen bezahle. Einer seiner hohen Militärs — wie im Laufe desselben Tags constatirt wurde, der Kriegsminister General von Verdy — habe ihn eben auf diese Gefahr aufmerksam gemacht. Mein Sohn er= widerte, so läge die Sache nicht; es handle sich nur um eine Conversion früherer russischer Anleihen, also um die beste Ge= legenheit für deutsche Inhaber, baares Geld zu nehmen und russische Papiere los zu werden, die im Kriegsfalle vielleicht keine Zinsen nach Deutschland zahlen würden. Die Russen wollten den Profit machen, für eine bestimmte Anleihe in Zu= kunft ein Procent weniger zu zahlen; der Geldmarkt sei dafür günstig, die Sache daher nicht zu hintertreiben. Die Franzosen würden die russischen Papiere nehmen, welche bei uns abgestoßen würden, das Geschäft würde in Paris gemacht. Se. Majestät bestand darauf, es müsse in der deutschen Presse gegen diese russische Finanzoperation geschrieben werden, er habe sich einen Rath des Auswärtigen Amts bestellt, um ihn entsprechend anzuweisen. Mein Sohn sagte, wenn es ihm nicht gelungen sei, Se. Majestät von der Sachlage zu unterrichten, so bitte er, sich von dem Finanzminister Vortrag halten zu lassen; offiziöse Artikel könnten in dem Sinne nicht geschrieben werden, ohne den Reichskanzler zu hören, weil sie die Gesammtpolitik beeinflussen würden. Se. Majestät bestimmte darauf, mein Sohn solle mir eindringlich schreiben, er wünsche eine Preßcampagne gegen die russische Finanzoperation, und ließ dem Vertreter des gerade abwesenden Finanzministers durch einen Adjutanten sagen, das Aeltesten-Collegium der Börse müsse angewiesen werden, die Anleihe zu inhibiren.

Ich selbst erhielt einige Monate später eine Probe von der Stimmung Sr. Majestät durch einen Vorgang, der Seite 49 nicht zu übergehn war und behufs Festhaltung des Zusammenhanges hier zu wiederholen ist. Als der Besuch des Zaren im October 1889 in Berlin zum Abschluß gekommen war und ich mit dem Kaiser von dem Lehrter Bahnhofe, wohin wir den nach Ludwigslust abreisenden Zaren begleitet hatten, zurückfuhr, erzählte er, er habe in Hubertusstock sich auf den Bock des Pürschwagens gesetzt, dem Gaste das ganze Jagdvergnügen überlassend, und schloß mit den Worten: „Nun loben Sie mich doch!" Nachdem ich dieser Aufforderung genügt hatte, fuhr er fort, er habe mehr gethan, er habe sich bei dem russischen Kaiser auf längeren Besuch angemeldet, den er zum Theil in Spala mit ihm zuzubringen gedenke. Ich erlaubte mir Zweifel, ob es dem Kaiser Alexander willkommen sein werde: derselbe liebe Ruhe, Zurückgezogenheit und das Leben mit Frau und

Kindern; Spala sei ein zu kleines Jagdschloß und nicht auf Besuche eingerichtet. Ich erwog dabei in Gedanken, daß die beiden hohen Herren zu einem sehr engen Verkehr miteinander genöthigt sein würden und in den durch eine so lange Zeit hinzuspinnenden Unterhaltungen die Gefahr liegen könnte, empfindliche Punkte zu berühren.

Ich nahm mir vor, zu thun, was ich konnte, um diesen Besuch zu verhindern. Die Verschiedenheit der Charaktere und Denkweisen der beiden Monarchen war vielleicht keinem Zeitgenossen so bekannt wie mir, und diese Bekanntschaft ließ mich befürchten, daß ein längeres Beisammensein ohne jede geschäftsmäßige Controle zu Frictionen, zur Abneigung und Verstimmung führen könne, und daß letztre beim Zaren schon durch die längere Störung seiner Einsamkeit gegeben sei, wenn er auch die Ankündigung des Besuchs seines Wirthes natürlich mit Höflichkeit entgegengenommen hatte. Im Interesse des Einvernehmens beider Cabinete hielt ich es für bedenklich, die mißtrauische Defensive des Zaren mit der aggressiven Liebenswürdigkeit unseres Herrn ohne Noth in enge und lange Berührung zu bringen, und um so mehr, als durch die Anmeldung ein Vorschuß an Zuthunlichkeit gewährt wurde, welcher der russischen Politik gegenüber kaum und der mißtrauischen Einschätzung des Kaisers Alexander gegenüber noch weniger angebracht war. Wie begründet meine Besorgnisse waren, zeigte sich in den Seite 83 erwähnten geheimen Berichten aus Petersburg, die, auch angenommen, daß sie übertrieben oder gefälscht waren, doch mit Kenntniß der Situation geschrieben sein mußten.

Der Kaiser war von meinem Bedenken, wo er Anerkennung erwartet hatte, unangenehm berührt und setzte mich vor meiner Wohnung ab, anstatt in dieselbe einzutreten und über Geschäfte weiter mit mir zu sprechen.

Der Besuch, den der Kaiser dem Zaren vom 17. bis

23. August 1890 in Narva und Peterhof abstattete, führte zu
der von mir befürchteten Verstärkung der persönlichen Ver=
stimmung.

Auf Narva folgte die Begegnung in Rohnstock und der
Handelsvertrag mit Oestreich, die Wendung Sr. Majestät zu
England war schon seit dem Besuche in Osborne Anfang
August 1889 von englischer Seite mit geschickter Berechnung
betrieben worden und hatte den Vertrag über Sansibar und
Helgoland herbeigeführt. Die Uniform des Admiral of the
fleet kann als das Symbol eines Abschnitts in der auswärtigen
Politik des Reiches angesehn werden.

Elftes Kapitel.

Vertrag über Helgoland und Sansibar.

Daß der Helgoländer Vertrag für uns ein Tauschgeschäft ist ähnlich dem zwischen Glaucus und Diomedes, ist jetzt das Urtheil nicht blos der Kreise, in welchen das Interesse an überseeischen Erwerbungen vorherrscht. In der amtlichen Rechtfertigung dieses Geschäftes ist der Ausgleich, welcher für das Augenmaß fehlt, mehr auf dem Gebiete der Imponderabilien, in der Pflege unserer Beziehungen zu England gesucht worden. Es ist dabei auf die Thatsache Bezug genommen worden, daß auch ich, während ich im Amte gewesen, hohen Werth auf diese Beziehungen gelegt hätte. Das ist ohne Zweifel richtig, aber ich habe an die Möglichkeit einer dauernden Sicherstellung derselben niemals geglaubt und niemals beabsichtigt, Opfer deutschen Besitzes für den Gewinn eines Wohlwollens zu bringen, welches die Dauer eines englischen Cabinets zu überleben keine Aussicht hat. Die Politik einer jeden Großmacht wird immer wandelbar bleiben im Wandel der Ereignisse und der Interessen, aber die englische ist darüber hinaus von dem Wandel abhängig, welcher sich durchschnittlich alle 5 bis 10 Jahre in dem Personalbestande des Parlaments und des Ministeriums zu vollziehn pflegt. Mir lag die Aufgabe vor, zur Befestigung des uns wohlgesinnten Ministeriums Salisbury mitzuwirken, soweit das durch sympathische Kundgebungen möglich war. Aber um das Wohlwollen oder den Fortbestand eines englischen Ministeriums durch dauernde Opfer erkaufen zu wollen, dazu sind dort die Cabinete zu kurzlebig, auch zu wenig abhängig von ihren Beziehungen zu

Deutschland; die zu Frankreich und Rußland, selbst zu Italien und der Türkei fallen in der Regel für ein englisches Ministerium schwerer ins Gewicht.

Der Verzicht auf die Gleichberechtigung in der Handelsstadt Sansibar war aber ein dauerndes Opfer, für welches Helgoland kein Aequivalent gewährt. Der freie Verkehr mit jenem einzigen größeren Handelsplatze an der ostafrikanischen Küste war die Brücke für unsren Verkehr mit dem Festlande, die wir nach heutiger Lage weder entbehren noch verlegen können. Daß der Besitz dieser Brücke uns dermaleinst in ähnlicher Ausschließlichkeit zufallen würde, wie wir ihn den Engländern überliefert haben, habe ich nach den Fortschritten, welche der deutsche Einfluß in den letzten vier Jahren vor 1890 gemacht hatte, nicht für sicher, aber doch für wahrscheinlich genug gehalten, um ein derartiges Ziel in unsre politischen Zukunfts= pläne nicht als eine Nothwendigkeit, aber doch als eine des Bemühens werthe Möglichkeit aufzunehmen. Ich war dabei von der Ueberzeugung geleitet, daß die Freundschaft Englands für uns zwar von hohem Werthe, die Freundschaft Deutschlands für England aber unter Umständen von noch höherem sei. Wenn England, was nicht außerhalb der natürlichen Ent= wicklung der Politik liegt, von französischer Landung ernsthaft bedroht wäre, so kann ihm nur Deutschland helfen; ohne unsre Zulassung kann Frankreich auch eine momentane Ueber= legenheit zur See nicht gegen England ausnutzen, und Indien sowohl wie Constantinopel sind gegen russische Gefahren leichter an der polnischen Grenze wie an der afghanischen zu decken. Aehnliche Lagen wie die, in welcher Wellington bei Belle= Alliance sagte oder dachte: „Ich wollte, es wäre Abend oder die Preußen kämen“, können sich in der Entwicklung der großen europäischen Politik leichter wiederholen als die ge= schichtlichen Momente, aus denen uns die Bethätigung der englischen Freundschaft erinnerlich ist. Im siebenjährigen

Kriege versagte dieselbe zu der Zeit, wo wir sie am dringendsten brauchten, und auf dem Wiener Congresse würde sie ihre Be= sieglung gemäß dem Vertrage mit Frankreich und Oestreich vom 3. Januar 1815 gefunden haben, wenn nicht die Rückkehr Napoleons von Elba die Coulissen der politischen Bühne in überraschender Weise verschoben hätte. England gehört eben zu des Geschickes Mächten, mit denen nicht nur kein ewiger Bund, sondern auch keine Sicherheit zu flechten ist, weil daselbst die Grundlage aller politischen Beziehungen wandelbarer ist als in allen andren Staaten, das Erzeugniß von Wahlen und daraus hervorgehenden Majoritäten. Nur ein zur Kenntniß des Parlaments gebrachter Staatsvertrag gewährt gegen plötz= liche Wandlungen einige Sicherheit, und auch diese hat für meinen Glauben erheblich verloren seit der spitzfindigen Aus= legung, welche der Vertrag über die Neutralität Luxemburgs vom 11. Mai 1867 von englischer Seite erfahren hat.

Wenn nun auch meines Erachtens die Freundschaft Deutsch= lands für den, welcher sie gewinnt, sichrer ist als die englische, so glaube ich doch auch, daß bei richtiger Leitung der deutschen Politik England früher in die Lage kommen wird, unsrer Freundschaft praktisch zu bedürfen, als wir der seinigen. Unter richtiger Leitung verstehe ich, daß wir die Pflege unserer Be= ziehungen zu Rußland nicht um deshalb aus den Augen ver= lieren, weil wir uns durch den gegenwärtigen Dreibund gegen russische Angriffe gedeckt fühlten. Auch wenn diese Deckung nach Festigkeit und Dauer unerschütterlich wäre, hätten wir doch kein Recht und kein Motiv, dem deutschen Volke für englische oder östreichische Orient=Interessen die schweren und unfruchtbaren Lasten eines russischen Krieges näher zu rücken, als sie vermöge eigner deutscher Interessen und denen an der Integrität Oestreichs uns stehen. Wir waren im Krimkriege der Zumuthung ausgesetzt, die Kriege Englands wie indische Vasallenfürsten zu führen. Ist das stärkere Deutsche Reich abhängiger, als damals Friedrich Wilhelm IV. sich erwies? Vielleicht nur gefälliger? Aber auf Kosten des Reichs.

Die Neigung Caprivi's, für bedenkliche politische Maßregeln, die er ohne Zweifel auf höheren Befehl betrieben hat, mir die Verantwortlichkeit zuzuschieben, zeugt nicht gerade von politischer Ehrlichkeit, so der Versuch, den Vertrag über Sansibar meiner Initiative zuzuschreiben. Er sagte am 5. Februar 1891 im Reichstage (Stenographische Berichte S. 1331):

„Ich will noch auf einen Vorwurf eingehen, der uns wiederholt gemacht worden ist, nämlich den, daß Fürst Bismarck diese Abtretung schwerlich gemacht haben würde. Man hat die jetzige Regirung darin mit der vorigen verglichen, und der Vergleich fiel zu unserem Nachtheil aus. Nun würde ich ganz und gar ein pflichtvergessener Mensch sein, wenn ich, als ich in dieses Amt eintrat und solche Verhandlungen übernahm, mich nicht, selbst wenn mein Vorgänger nicht der bedeutende Mann gewesen wäre, der er war, davon überzeugt hätte: Was sind denn für Vorgänge da, und was hatte denn die Regirung in der Sache vor, was hat sie für einen Standpunkt eingenommen? Das war ja eine ganz selbstverständliche Pflicht, und Sie können glauben, daß ich dieser Pflicht mit großem Eifer nachgegangen bin."

Auf welche Weise er sich informirt hat, weiß ich nicht. Wenn es durch Actenlesen geschehen wäre, so hätte er nicht aus den Acten herauslesen können, daß ich den Sansibar-Vertrag angerathen hätte. Der Satz, daß England für uns wichtiger sei als Afrika, den ich übereilten und übertriebnen Colonialprojecten gegenüber gelegentlich ausgesprochen habe, kann unter Umständen ebenso zutreffend sein wie der, daß Deutschland für England wichtiger als Ostafrika sei, er war es aber nicht zu der Zeit, als der Helgoländer Vertrag abgeschlossen wurde. Es war den Engländern garnicht eingefallen, von uns den Verzicht auf Sansibar zu verlangen oder zu erwarten; im Gegentheil begann man in England sich mit dem Gedanken vertraut zu machen, daß der deutsche Handel und Einfluß daselbst im Wachsen sei und schließlich die Herrschaft erlangen werde. Die Engländer in Sansibar selbst waren bei der ersten Nachricht von dem Vertrage überzeugt, daß sie irrthümlich sei, da nicht zu begreifen sei, weshalb wir eine solche Concession hätten machen können. Der Fall, daß wir zwischen der Behauptung unseres afrikanischen Besitzstandes und einem Bruch mit England zu wählen hätten, lag nicht vor; und nicht das Bedürfniß, unsern Frieden mit England zu erhalten, sondern der Wunsch, Helgoland zu besitzen und England gefällig zu sein, erklären den Abschluß des Vertrages. Nun liegt in dem Besitze dieses Felsens eine Genugthuung für unsere nationalen Empfindungen, aber zugleich entweder eine Verminderung unserer nationalen Sicherheit gegen eine über-legene französische Flotte oder die Nöthigung, aus Helgo-land ein Gibraltar zu machen. Bisher war dasselbe im Falle einer französischen Blokade unserer Küsten durch die englische Flagge gedeckt und konnte für die Franzosen kein Kohlendepot und Proviantmagazin werden. Das wird aber geschehn, wenn im nächsten französischen Kriege die Insel weder durch eine englische Flotte noch durch ausreichende Befestigungen geschützt ist. Auf diese Betrachtungen, die in der Presse laut geworden waren, sollte es wohl eine widerlegende Antwort sein, als Caprivi am 30. November 1891 im Reichstage sagte:

„England hat Bedürfnisse in manchen Welttheilen, hat Be-sitzungen rund um den Erdball, und es möchte am Ende nicht ganz schwer geworden sein für England, ein Tauschobject zu finden, was ihm willkommen gewesen wäre und für das es wohl geneigt gewesen wäre die Insel fortzugeben. Ich möchte einmal den Entrüstungssturm — und in diesem Falle würde ich ihn für berechtigt gehalten haben — gesehen haben, wenn im Laufe von Jahr und Tag oder kurz vor Ausbruch eines

künftigen Krieges die englische Flagge von Helgoland herunter-
gegangen und eine weniger nahestehende vor unseren Häfen
erschienen wäre."

Ob er wohl selbst daran geglaubt hat?

Bemerkenswerth ist ferner, daß in seiner Rede vom
5. Februar 1891 ein Widerspruch lag, welcher die Ueberzeugung
des Redners von der Glaubwürdigkeit seiner Argumente in
Zweifel stellt. Wenn er den Vertrag an sich und objectiv für
nützlich gehalten hätte, so wäre er nicht der Versuchung ausgesetzt gewesen, die Verantwortlichkeit dafür durch gewagte Argumente auf seinen Vorgänger zu übertragen, so hätte er
nicht nöthig gehabt, das Verdienst eines vortheilhaften Geschäftes mit mir theilen zu wollen und zu diesem Zweck aus
den Acten Aeußerungen von mir hervorzusuchen, die nach Zeit,
Veranlassung, Zusammenhang und Bestimmung nicht die Tragweite haben, die ihnen beigelegt wird. In der Rede vom
30. November 1891 hat er nicht mehr das Bedürfniß, mir
einen Theil der Verantwortlichkeit zuzuschieben; er erklärt:
Dieses eine Jahr hat hingereicht, um zu zeigen, wie richtig wir
gehandelt haben. —

Zwölftes Kapitel

Handelsvertrag mit Oestreich.

Der Versuch, die intimen politischen Beziehungen, in welchen Oestreich vermöge der deutschen Traditionen und Entwicklung zu uns stand, zur Gewinnung wirthschaftlicher Vortheile auszubeuten, ist, wie erwähnt *), zuerst zur Zeit des Fürsten Schwarzenberg in Gestalt des Strebens nach Zolleinigung gemacht und später in verschiedenen Anläufen wiederholt worden. Er ist stets schon in den ersten Anfängen gescheitert an der Unmöglichkeit, einen richtigen Vertheilungsmaßstab zu finden für die Einkünfte, die aus der zollpflichtigen Consumtion der betheiligten Bevölkerungen sich ergeben. Die Erkenntniß der Unmöglichkeit voller Zolleinigung hat das natürliche Bestreben nicht beseitigen können, uns im Wege der Handelsverträge Vortheile abzugewinnen. Die Abschwächung der monarchischen Gewalt, der Bedarf an Stimmen im Parlament vermehren das Gewicht der Begehrlichkeit gewisser Wählerklassen. Die ungarische Reichshälfte hat in den letzten Jahrzehnten ein Uebergewicht gewonnen, und die galizischen Stimmen sind nicht nur für parlamentarische Majoritäten und auswärtige Eventualitäten von stärkerem Gewichte als früher. Die agrarischen Begehrlichkeiten dieser östlichen Landestheile Oestreichs haben Einfluß auf die Entschließungen der Regirung gewonnen, und wenn die letztere zur Befriedigung derselben durch ihre Gefälligkeiten auf Kosten und vermöge der Unerfahrenheit Deutsch-

---

*) S. Bd. I 316 f. [= I 375 f. der Volks-, I 396 f. der Neuen Ausgabe.]

lands in den Stand gesetzt wird, so wird sie natürlich jedes ungeschickte Entgegenkommen deutscher Politik benutzen, um ihren inneren Schwierigkeiten abzuhelfen und die ungarischen und galizischen Agrarier zu gewinnen. Die Kosten dafür, soweit sie nicht von der deutschen Gutmüthigkeit bestritten werden, würde das mehr industrielle als agrarische Element von Cis-leithanien nach Abzug Galiziens zu decken haben. Dasselbe ist für die östreichische Politik weniger gefährlich und weniger widerstandsfähig, als ungarische und polnische Unzufriedenheiten sein würden. Der Deutsche ist fügsamer nach oben und auf dem Gebiete der inneren Politik ungeschickter als die andern Nat'onalitäten Oestreichs, wie der doctrinäre Verlauf des con-stitutionellen Kampfes zeigt, welchen die Herbstzeitlosen gegen den natürlichsten und stärksten Bundesgenossen der Deutschen, gegen die eigne Dynastie, bis zum Bruch geführt haben.

Es ist also erklärlich, daß die wirthschaftliche Politik des Donaureichs auf die deutschen Industriellen wenig und auf die nichtdeutschen Agrarier mehr Rücksicht nimmt. Auch in der böhmischen Spaltung wird das Czechenthum auf agrarischer, das Deutschthum auf industrieller Seite stärker vertreten sein. Daß es den Ungarn, Polen und Czechen zu lebhafter Genug-thuung gereicht, wenn in erster Linie ihre Interessen gepflegt werden und der Deutsche zunächst in Cisleithanien, hauptsächlich aber im Deutschen Reiche die Zeche dafür bezahlt, ist nicht zu verwundern, wohl aber muß man sich fragen, wie die deutsche Reichsregirung dazu kommt, die Preisgebung der deutschen Agrar-Interessen in Wien anzubieten. Der in der Presse da-für geltend gemachte Grund, daß das politische Bündniß einen wirthschaftlichen Verschmelzungsproceß zur nothwendigen Folge habe, ist eine inhaltlose Phrase, bei der sich praktisch nichts denken läßt. Wir sind mit Rußland und in der Vergangen-heit mit England in der größten politischen Intimität gewesen unter sehr schwierigen beiderseitigen Zollverhältnissen, und der

deutsche Bundesvertrag hat auch da, wo er nicht durch Zoll=
einigung gedeckt war, lange Zeit mit vollem gegenseitigen Ver=
trauen in Betreff der politischen Stipulationen bestanden. Unser
Bündnißvertrag mit Oestreich läuft auch nicht Gefahr; uns ge=
kündigt zu werden, wenn wir es heut wie seit 40 Jahren ab=
lehnen, für eventuellen Kriegsbeistand einen wirthschaftlichen
Tribut an Oestreich=Ungarn zu zahlen. Oestreich hat das deutsche
Bündniß nöthiger als Deutschland das östreichische, wenn man
sich die Zukunft Oestreichs vergegenwärtigt. Der Ersatz, den
Oestreich für die Freundschaft Deutschlands in der russischen
finden könnte, wäre für Oestreich nur unter Preisgebung aller
der Bestrebungen in östlicher Richtung zu gewinnen, welche aus
den Ungarn Gegner Rußlands machen. Die Anlehnung Oest=
reichs an Frankreich und selbst an die geeinigten Westmächte
der Krimliga würde der östreichischen Monarchie die exponirteste
Lage von allen Betheiligten gegenüber Rußland und Deutsch=
land anweisen und den russischen Bestrebungen die Entwicklung
der slavenfreundlichen Keime der Zersetzung überlassen, welche
sich unter der numerisch größeren Hälfte der Bevölkerung vor=
finden. Für Oestreich bleibt das deutsche, von Stammessympa=
thien getragene Bündniß stets das natürlichste und ungefähr=
lichste, man kann sagen ein in allen Lagen Oestreichs immer
wiederkehrendes Bedürfniß.

Ich würde es beklagen, wenn das Deutsche Reich den von
mir unter großen Anstrengungen erkämpften Bund mit Oest=
reich wieder aufgeben und die volle freie Hand für seine euro=
päischen Beziehungen wieder erstreben sollte. Aber wenn unsre
politische Liebe zu Oestreich unerwidert bliebe, falls wir sie
nicht durch wirthschaftliche Opfer bethätigen, so würde ich aller=
dings die Politik der freien Hand vorziehn, weil ich überzeugt
bin, daß unser Bündniß, wenn es in dem obigen Sinne von
Oestreich aufgefaßt und gehandhabt wird, nicht dauernd und
im entscheidenden Augenblicke nicht haltbar sein wird. Die

besten Bündnisse versagen den Dienst, den man bei dem Ab-
schlusse von ihnen erwartet hat, wenn die Stimmung und
Ueberzeugung, unter denen sie geschlossen sind, zur Zeit des
casus foederis erloschen ist; und wenn schon heut unter den
östreichisch-ungarischen Agrariern die Stimmung vorherrscht, daß
unser Bündniß werthlos sei, falls es ihnen keine finanziellen
Vortheile gewähre, so befürchte ich, daß unser Vertrag zur
Verfallzeit nicht wirksamer sein wird als die von 1792 bis
1795, und um so weniger, wenn sich inzwischen im Deutschen
Reiche die Ueberzeugung festgesetzt hat, daß unser Bündnißvertrag einen Handelsvertrag im Gefolge habe, der einer
Tributzahlung Deutschlands gleich stehe, und daß diese Zah-
lung für Erhaltung eines Bündnisses, welches für Oestreich
nothwendiger ist als für uns, auf Versprechungen beruhe, welche
die leitenden Staatsmänner Oestreichs vermöge ihrer reiferen
Erfahrung und Sachkunde in Geschäften der Art den Ver-
tretern der deutschen Interessen im gastlichen Verkehr in Schlesien und in Wien abgewonnen haben *). Es ist möglich, daß
die deutschen Gäste an letzterem Orte in der Hoffnung auf
reiche handelspolitische Trinkgelder eine noch freundlichere Aufnahme gefunden haben, als ohnehin der Fall gewesen sein
würde; aber die Revision der deutschen Rechnung durch die
öffentliche Meinung der Nation erfolgt doch, wenn auch erst

---

*) Eine Berliner Mittheilung des „Pester Lloyd" hatte die bekannte
Thatsache, daß die Anfänge der Handelsverträge auf die Rohnstocker
Zusammenkunft von 1890 zurückreichen, mit dem Zusatze in Erinnerung
gebracht, dem neuen Kanzler sei alsbald nach der Uebernahme des
Amtes von höchster Stelle die Linie für sein handelspolitisches Verhalten vorgeschrieben worden. Die „Münchner Allgemeine Zeitung"
macht dazu die Anmerkung: „Dies würde die vielfach verbreitete Annahme rechtfertigen, daß der eigentliche Träger dieser handelspolitischen
Wendung Herr Miquel ist und daß die letztere aus dem Frankfurter
Besuch des Kaisers im November 1889 datirt." (Börsenzeitung, 16. December 1891.)

nach Jahren, vielleicht in einem unbequemen Momente, wo dann im Rückblicke auf die bei uns angerichteten Schäden sich das Urtheil empfindlich fühlbar machen kann, daß wir unter einer ausbeutenden Einmischung Oestreichs in unsre innere Gesetzgebung gelitten haben*).

Die Art, wie die überlegene weltmännische Routine des Fürsten Schwarzenberg in Olmütz und in den Dresdner Conferenzen der damaligen preußischen Vertretung gegenüber von Oestreich benutzt wurde, hat wesentlich zur Herstellung einer Situation beigetragen, welche sich schließlich im Wege freundlicher Bundesgenossenschaft nicht mehr lösen ließ.

Ueber die Fehler, welche in der auswärtigen Politik begangen wurden, wird sich die öffentliche Meinung in der Regel erst klar, wenn sie auf die Geschichte eines Menschenalters zurückzublicken im Stande ist, und die Achivi qui plectuntur sind nicht immer die unmittelbaren Zeitgenossen der fehlerhaften Handlungen. Die Aufgabe der Politik liegt in der möglichst richtigen Voraussicht dessen, was andre Leute unter gegebnen Umständen thun werden. Die Befähigung zu dieser Voraussicht wird selten in dem Maße angeboren sein, daß sie nicht, um wirksam zu werden, eines gewissen Maßes von geschäftlicher Erfahrung und Personalkenntniß bedürfte, und ich kann mich beunruhigender Eindrücke nicht erwehren, wenn ich bedenke, in welchem Umfange diese Eigenschaften in unseren leitenden Kreisen verloren gegangen sind. Jedenfalls sind sie augenblicklich in Wien reichlicher vorhanden als bei uns und ist deshalb die Befürchtung gerechtfertigt, daß die Interessen Oestreichs bei Vertragsabschlüssen mit mehr Erfolg wahrgenommen werden als die unserigen.

*) Finanzieller Schaden, Zoll-Verzicht auf 40 Millionen jährlich; Centrum, Polen, Socialisten — Freunde Caprivi's.

Anlagen

I.

Kronprinz Friedrich Wilhelm an Bismarck.

(Vgl. oben S. 29.)

Morris Castle, Insel Wight, 17. Aug. 1881.

Ich wende mich mit der Frage an Sie, was eigentlich das Zeitungsgerücht „Baden sollte Königreich werden" zu bedeuten hat?

Anfangs habe ich mich wie viele Andere über diese Ente amüsirt und die Kunde als einen „Ulk der sauren Gurkenzeit" belacht. Da aber die Sache immer wiederholt wird, fange ich an mißtrauisch zu werden! Ich habe zwar eine zu gute Meinung von meinem Schwager, und ebenso ein zu großes Vertrauen in seine deutschen Gesinnungen, als daß ich es für möglich hielte, er könne sich in solchen Unsinn einlassen. Allein woher kommt dann das Zeitungsgerede? [1]

Sie wissen, wie ich über die 3 deutschen Königreiche denke, welche wir in schmachvollster Zeit von Napoleon I. erhielten, damit die Zerstückelung Deutschlands für immer befestigt sei. Aus eigener Erfahrung wissen Sie besser wie ich, welche Schwierigkeit, ja welchen täglichen Aerger jene, von ihrem leeren Titel erfüllten Cabinete dem Reichswohl bereiten. Sollte da noch eine Krone mehr etwa geduldet werden, welche jene Verlegenheiten verstärkte? Hieße es nicht das heut zu Tage schon genug geschwächte monarchische Ansehen noch mehr herabsetzen, indem man einen kleinen Staat avancirt, der aus

---

[1] Randbemerkung Bismarck's: Roggenbach

sich selbst nichts vermag, also einem königlichen Aufwande weder Macht noch Kraft zu verleihen im Stande ist! Vor allem aber wie wäre es vor dem deutschen Volk zu rechtfertigen, daß man angesichts der nur äußerst langsam sich befestigenden Einheit muthwillig ein solches Hemmniß aufkommen ließe!

Ich lasse mich Ihnen gegenüber so offen gehen, wie ich es unter vier Augen in Ihrem Zimmer in Berlin thue. Sollte aber, was der Himmel verhüte, etwas im Gange sein, so sind Sie schon jetzt berechtigt, mein entschiedenes „Nein" gegen die badische Königs=Erhebung kund zu geben. Dann aber bitte ich um sofortige Mittheilung des Standes jener Angelegenheit, damit ich in derselben thätig auftreten kann; ebenso erwarte ich, daß keine Beschlüsse gefaßt werden, ohne daß man mich gehört hat.

Schlözer soll aus Rom zurück sein, und würde es mich interessiren zu erfahren, welches seine Eindrücke sind, und ob etwas in Folge seines Aufenthalts unternommen werden kann.

Ich verlasse London am 23., bin den 24. in Brüssel, den 25. in Coblenz, den 27. in Frankfurt a. M. und am 28. bis 30. in Baiern, worauf ich den 1. September in Berlin eintreffe.

Hoffentlich hat Kissingen Ihnen Ruhe, Erholung und Stärkung gebracht und vor allem die Leiden des Frühjahrs vergessen machen. Hier schwebt das Parlament in der Pein des Hangens und Bangens ob der Land=Bill, welche als ein nothwendiges Uebel, zur Vermeidung noch größeren Unfugs als bisher im kommenden Winter, für Irland erkannt wird. Etliche Lords haben sich der Abstimmung enthalten, indem sie per Yacht oder hinter der grouse her verschwanden; andere reden dawider, stimmen jedoch dafür.

Uns erging es sehr gut an und in der See, in diesem herrlichen Lande, das ich verlasse, um erst die Baiern, dann die Hannoveraner, Westpreußen und endlich die Schleswig=Holſteiner zu ſehen, begierig, ob wirklich die „Perle von Meppen“ Miniſter in Braunſchweig, welfiſcher agitation zu Ehren, wer= den wird!!

Ihr ſehr ergebener
Friedrich Wilhelm Kronprinz.

II.

Protokoll der Ministerſitzung vom 17. März 1890.
(Vgl. oben S. 94.)

Berlin, den 17. März 1890.

Vertrauliche Beſprechung des Königlichen Staatsminiſteriums.

Gegenwärtig:

der Präſident des Staatsminiſteriums Reichskanzler Fürſt von Bismarck;

der Vice-Präſident des Staatsminiſteriums Staatsminiſter Dr. von Boetticher;

die Königlichen Staatsminiſter von Maybach, Dr. Freiherr Lucius von Ballhauſen, Dr. von Goßler, Dr. von Scholz, Graf von Bismarck-Schönhauſen, Herrfurth, Dr. von Schelling, von Verdy, Freiherr von Berlepſch;

der Unterſtaatsſecretär Wirkl. Geh. Rath Homeyer.

Der Herr Miniſter-Präſident hatte das Staatsminiſterium zu einer vertraulichen Beſprechung nach ſeiner Amtswohnung eingeladen und theilte demſelben mit, daß er an Se. Majeſtät den Kaiſer und König heute ein Geſuch um Entlaſſung aus ſeinen Aemtern gerichtet habe, deſſen Genehmigung wahrſcheinlich ſei. Er müſſe bezweifeln, daß er die ihm verfaſſungsmäßig obliegende Verantwortlichkeit für die Politik Sr. Majeſtät noch tragen könne, da ihm von Allerhöchſter Stelle die hierfür un= erläßliche Mitwirkung nicht eingeräumt werde.

Ueberraschend sei ihm schon gewesen, wie Se. Majestät über die sogenannte Arbeiterschutzgesetzgebung ohne vorheriges Benehmen mit ihm und dem Staatsministerium definitive Entschließungen gefaßt habe. Er habe alsbald seine Befürchtung ausgesprochen, daß dieses Vorgehen in der Wahlzeit Aufregung im Lande erzeugen, unerfüllbare Erwartungen wachrufen, auf die Wahlen und schließlich, bei der Unerfüllbarkeit der erregten Hoffnungen, auf das Ansehn der Krone nachtheilig wirken werde. Er habe gehofft, daß einhellige Gegenvorstellungen des Staatsministeriums Se. Majestät zum Verzicht auf die gehegten Absichten bewegen könnten, habe jedoch diese Einmüthigkeit im Staatsministerium nicht gefunden, sondern sich überzeugen müssen, daß mehrseitig das Eingehen auf die Anregung Sr. Majestät für rathsam erachtet worden sei.

Schon hiernach habe er bezweifeln müssen, ob er die sichere Autorität als Präsident des Staatsministeriums noch besitze, wie er sie vermöge des ihm von Sr. Majestät Kaiser Wilhelm I. geschenkten Vertrauens seiner Zeit genossen habe. Jetzt verhandle der Kaiser ohne ihn nicht nur mit einzelnen der Herrn Minister, sondern sogar mit Räthen der ihm untergebenen Ministerien. Der Herr Minister für Handel habe Immediatvorträge ohne vorherige Verständigung mit ihm gehalten. Im Interesse der Einheitlichkeit des Minister-Collegiums habe er dem letztgedachten Herrn Minister die demselben unbekannte Allerhöchste Ordre vom 8. September 1852 mitgetheilt und, nachdem er in der Sitzung des Staatsministeriums vom 2. d. M. sich überzeugt, daß dieselbe überhaupt nicht allen Herren Ministern gegenwärtig sei, allen eine Abschrift zugehen lassen und in dem Begleitschreiben hervorgehoben, daß er die Ordre nur auf Immediatvorträge beziehe, welche Aenderungen der Gesetzgebung und der bestehenden Rechtsverhältnisse bezweckten.

In dieser Weise mit Takt gehandhabt, enthielten die Vorschriften der gedachten Ordre nicht mehr, als für jeden

Präsidenten des Staatsministeriums, der dieser Stellung gerecht
werden wolle, unerläßlich sei. Er wisse nicht, von welcher
Seite Kenntniß dieses Vorgangs an die Allerhöchste Stelle
gelangt sei, aber Se. Majestät der Kaiser habe ihm befohlen, daß
die gedachte Ordre, durch welche die Minister gehindert würden,
Immediatvorträge zu halten, außer Kraft gesetzt[1]) werde. Er
habe erklärt, die Herren Minister seien dadurch nicht behindert,
es folge höchstens daraus, daß er bei den Vorträgen zugegen
sei; Se. Majestät stehe es dann immer frei, auch gegen den
Minister-Präsidenten für den Ressort-Minister sich zu entscheiden.
Die Ordre sei nothwendig, und das könne er am wenigsten
jetzt verleugnen, nachdem er soeben an dieselbe erinnert habe.

Diese Meinungsverschiedenheit für sich allein würde ihn
zum Rücktritt nicht bewogen haben, noch weniger die wegen
der Arbeiterfrage bestehende. Auf diesem Gebiet habe er redlich
das Seinige zu dem Erfolge der kaiserlichen Initiative beigetragen und durch diplomatische Befürwortung und durch Aufnahme der internationalen Conferenz in seine Diensträume be-
kundet, daß er die Arbeit derselben fördere.

Ein ferneres Zeichen mangelnden Vertrauens habe Se.
Majestät der Kaiser ihm durch den Vorhalt gegeben, daß er,
ohne Allerhöchste Erlaubniß, den Abgeordneten Windthorst nicht
habe empfangen sollen. Alle Abgeordnete empfange er grund-
sätzlich, und nachdem Windthorst darum nachgesucht, habe er
auch dessen Besuch angenommen, mit dem Erfolge, daß er über
die Absichten desselben nun vollständig unterrichtet sei. Er könne
sich einer Allerhöchsten Controlle über seinen persönlichen Verkehr in und außer Dienst nicht unterwerfen.

In seinem Entschluß zum Rücktritt aus allen seinen Aemtern
sei er bestärkt, nachdem er sich heute überzeugt, daß er auch
die auswärtige Politik Sr. Majestät nicht mehr vertreten könne.

---

[1]) außer — gesetzt Bleistiftänderung Bismarck's statt: aufgehoben

Er habe ungeachtet seines Vertrauens auf die Tripelallianz doch auch die Möglichkeit, daß dieselbe einmal versagen könne, nie aus den Augen verloren. In Italien stehe die Monarchie nicht auf starken Füßen, die Eintracht zwischen Italien und Oestreich sei durch die Irredenta gefährdet, in Oestreich könne trotz der sicheren Zuverlässigkeit des regirenden Kaisers die Stimmung eine andere werden, Ungarns Haltung sei nie sicher zu berechnen, dasselbe könne sich und Oestreich in Händel ver- wickeln, denen wir fern bleiben müßten: deshalb sei er stets bestrebt gewesen, die Brücke zwischen uns und Rußland nicht abzubrechen, und glaube den Kaiser von Rußland in friedlichen Absichten soweit bestärkt zu haben, daß er einen russischen Krieg, bei dem selbst im Falle siegreichen Verlaufs nichts zu gewinnen sei, kaum noch befürchte. Höchstens würde von dort uns ent- gegengetreten werden, wenn wir bei einem siegreichen Kriege gegen Frankreich letzterem Gebietsabtretungen auferlegen woll- ten. Rußland bedürfe der Existenz Frankreichs wie wir der Oestreichs als Großmacht.

Nun habe der deutsche Consul in Kiew 14 eingehende Be- richte, zusammen wohl an 200 Seiten, über russische Zustände, darunter manche über militärische Maßnahmen, eingesandt, von welchen er einige politische Sr. Majestät eingereicht, andere, militärische dem Großen Generalstab in der Annahme, daß dieser sie an Allerhöchster Stelle zum Vortrag bringen werde, falls sie dazu geeignet wären, übersandt, die übrigen, um sie sich vortragen zu lassen, dem Geschäftsgang zurückgegeben habe.

Darauf sei ihm heute das nachstehende Allerhöchsteigen- händige Handschreiben zugegangen:

„Die Berichte lassen auf das Klarste erkennen, daß die Russen im vollsten strategischen Aufmarsch sind, um zum Kriege zu schreiten — Und muß ich es sehr bedauern, daß ich so wenig von den Kiewer Berichten erhalten habe. Sie hätten mich schon längst auf die furchtbar drohende Gefahr aufmerksam machen können! Es ist die höchste Zeit, die Oestreicher zu warnen, und Gegenmaßregeln zu treffen. Unter solchen Umständen ist natürlich an eine Reise nach Krasnoe meinerseits nicht mehr zu denken.

Die Berichte sind vorzüglich.   (gez.) W."

In diesem Schreiben sei einmal der Vorwurf ausgedrückt, daß er Sr. Majestät Berichte vorenthalten und Se. Majestät nicht auf die Kriegsgefahr rechtzeitig aufmerksam gemacht habe; ferner aber seien Ansichten ausgesprochen, die er nicht theile, daß uns von Rußland „furchtbare" Gefahr drohe, daß man Oestreich warnen und Gegenmaßregeln treffen müsse, endlich daß der Besuch des Kaisers zu den russischen Manövern, zu welchem derselbe sich selbst angemeldet habe, unterbleiben müsse.

Er sei überhaupt nicht verpflichtet, Sr. Majestät alle Berichte vorzulegen, die ihm zugingen; er habe darunter die Wahl, je nach dem Inhalt, für dessen Eindruck auf Se. Majestät er glaube die Verantwortung tragen zu können. Er habe im vorliegenden Falle nach bester Einsicht eine Auswahl getroffen und müsse in diesem Handschreiben ein unverdientes, kränkendes Mißtrauen finden.

Er sei aber auch bei seiner noch jetzt unerschütterten Auffassung von den friedlichen Ansichten des Kaisers von Rußland außer Stande, Maßregeln zu vertreten, wie Se. Majestät sie verlange.

Dabei höre er, daß Se. Majestät der Kaiser, der seine Vorschläge bezüglich der zum Reichstage einzunehmenden Stellung und dessen eventueller Auflösung früher gebilligt habe, jetzt der Meinung sei, die Militärvorlage sei nur soweit einzubringen, als man auf deren Annahme rechnen könne. Der Herr Kriegsminister habe sich neulich für deren ungetheilte Einbringung ausgesprochen, und wenn man auch noch Gegenmaßregeln gegen russische Rüstungen ergreifen wolle und Gefahr von dort kommen sehe, sei das um so mehr das Richtige.

Nach dem Gesagten nehme er an, daß er mit seinen Collegen nicht mehr in voller Uebereinstimmung sei und daß er das Vertrauen Sr. Majestät nicht mehr in ausreichendem Maße besitze. Er freue sich, wenn ein König von Preußen selbst regiren wolle, erkenne selbst die Nachtheile seines Rücktritts für die öffentlichen Interessen, er sehne sich auch nicht nach einem arbeitslosen Leben, seine Gesundheit sei jetzt gut, aber er fühle, daß er Sr. Majestät im Wege sei, daß an Allerhöchster Stelle sein Rücktritt gewünscht werde, und darnach habe er mit Recht seine Dienstentlassung erbeten.

Der Herr Vice-Präsident des Staatsministeriums erklärte, daß ihn und gewiß alle seine Collegen diese Mittheilungen tief betrübten. Er habe bis jetzt gehofft, daß zwischen Sr. Majestät und dem Herrn Minister-Präsidenten nur auf dem Gebiet der innern Politik Meinungsverschiedenheiten beständen und daß daher der von Sr. Durchlaucht neulich angedeutete Weg, sich auf die Leitung der auswärtigen Angelegenheiten beschränken zu wollen, eine geeignete Lösung sein werde. Der Rücktritt Sr. Durchlaucht aus allen Aemtern bedeute unabsehbare Schwierigkeiten, und wenn er auch den Unmuth Sr. Durchlaucht begreiflich finde, könne er doch nur dringend bitten, den Weg eines Ausgleichs, wenn irgend möglich, zu betreten.

Der Herr Minister-Präsident bemerkte, der Ausweg, daß er aus dem preußischen Staatsdienst ausscheide und sich auf die Stellung als Reichskanzler beschränke, sei bei den verbündeten Regirungen und im Reichstage auf Bedenken gestoßen. Dort wünsche man, daß der Reichskanzler in einer amtlichen Stellung sich befinde, in welcher er die Abgabe der preußischen Stimme leite, und er würde auch die Stellung nicht einnehmen können, vom preußischen Staatsministerium Instructionen zu empfangen, bei deren Feststellung er nicht mitgewirkt habe. Auch dieser, neulich von ihm selbst vor

geschlagene Ausweg würde daher nicht ohne Schwierigkeiten sein.

Der Herr Finanzminister erklärte, die Cabinets-Ordre vom
8. September 1852, namentlich nach demjenigen, was der Herr
Minister-Präsident in dem Begleitschreiben hinzugefügt habe,
gehe durchaus nicht über das Erforderniß hinaus. Diese könne
eine unübersteigliche Schwierigkeit nicht bieten. Aber auch was
die Schwierigkeiten auf dem Gebiet der auswärtigen Politik
anlange, könne er sich nur der Bitte des Herrn Staatsminister
von Boetticher anschließen, daß nach einem Ausgleich gesucht
werden möge. Wenn übrigens der Rücktritt Sr. Durchlaucht
nicht, wie neulich als Grund angeführt worden, aus Gesund-
heitsrücksichten, sondern aus politischen Gründen und aus allen
Aemtern erfolge, werde das Staatsministerium doch in Erwägung ziehen müssen, ob es sich diesem Schritt nicht anzuschließen habe. Vielleicht würde dies dazu beitragen, das
verhängnißvolle Ereigniß abzuwenden.

Die Herren Minister der geistlichen Angelegenheiten und
der Justiz bemerkten, es handle sich bei den vorgetragenen
Differenzpunkten doch nur um ein Mißverständniß, über welches
Se. Majestät aufzuklären sein würde, und der Herr Kriegsminister fügte hinzu, in seiner Gegenwart sei seit langer Zeit
von Seiten des Kaisers kein Wort gefallen, welches irgendwie
auf kriegerische Verwicklungen mit Rußland Bezug habe.

Der Herr Minister der öffentlichen Arbeiten erklärte, der
Rücktritt Sr. Durchlaucht würde ein nationales Unglück für
die Sicherheit des Landes und die Ruhe Europas sein, es
müsse Alles versucht werden, um dem vorzubeugen. Seiner
Meinung nach müßten für einen solchen Fall die Minister ihre
Aemter zur Verfügung Sr. Majestät stellen, und er wenigstens
sei entschlossen, dies zu thun.

Der Herr Minister für Landwirthschaft erklärte, wenn der
Herr Minister-Präsident überzeugt sei, daß sein Rücktritt Aller-

höchsten Orts gewünscht werde, ließe sich von diesem Schritte nicht abrathen. Das Staatsministerium müsse jedenfalls in Erwägung nehmen, was es dann seinerseits zu thun habe.

Der Herr Minister für Handel bemerkte, seine Person komme bei dieser Frage nicht in Betracht, aber in Rücksicht auf die von dem Herrn Minister-Präsidenten über die von ihm gehaltenen Immediatvorträge gemachte Bemerkung bitte er doch erklären zu dürfen, daß dieselben sich auf keinerlei neue Fragen erstreckt, sondern auf den Allerhöchsten Erlaß vom 4. Februar d. J., den er bei seinem Amtsantritt vorgefunden, und zwar auf die allgemeinen Angelegenheiten der in demselben berührten Arbeiterschutzgesetzgebung beschränkt hätten. Gegen die Allerhöchste Ordre vom 8. September 1852 habe er nichts zu erinnern und habe dieselbe Sr. Majestät gegenüber nicht erwähnt.

Der Herr Minister-Präsident erwiederte, er sei vollkommen davon überzeugt, daß es dem Herrn Minister für Handel fern gelegen habe, etwas gegen ihn thun zu wollen.

Der Herr Kriegsminister bemerkte, von den Bestimmungen der Ordre vom 8. September 1852 seien die laufenden Vorträge des Kriegsministers sogar ausdrücklich ausgenommen, aber auch abgesehen hiervon habe er gewiß bei allen wichtigern Vorkommnissen seines Ressorts sich in Verbindung mit dem Herrn Minister-Präsidenten gehalten.

Der Herr Minister-Präsident erwiederte, daß er das collegialische Verhalten des Herrn Kriegsministers durchaus anzuerkennen habe, und schloß die Sitzung.

(gez.) Fürst von Bismarck.   von Boetticher.
von Maybach.   Freih. Lucius von Ballhausen.   von Goßler.
    von Scholz.   Graf von Bismarck.   Herrfurth.
von Schelling.   von Verdy.   Frhr. von Berlepsch.
                (gez.) Homeyer.

———

III.

Flügeladjutant v. Bissing an Graf Herbert Bismarck.

(Vgl. oben S. 142.)

Marmor-Palais, den 22. Juni 1888.

Euer Excellenz

beehre ich mich im Allerhöchsten Auftrage ganz gehorsamst mitzutheilen, daß Se. Majestät der Kaiser und König von verschiedenen Artikeln in Berliner Zeitungen Kenntniß genommen
hat, welche Allerhöchstdenselben auf das Unangenehmste berührt haben.

Vornehmlich sind dieß ein Artikel des Berliner Tageblatts,
Abend-Ausgabe vom 20. ds. Mts., Artikel der Berliner Zeitung und der Berliner Presse, beide vom 21. Juni, welche geschrieben scheinen, um die Welt glauben zu machen, daß ein
Zwiespalt zwischen Sr. Majestät und dem Fürsten Reichskanzler in Betreff des General-Quartiermeisters Grafen Waldersee besteht; auch ähneln diese Artikel in ihrer Absicht mehr oder
weniger denen, welche vor dem plötzlichen Sturze des Ministers
von Puttkamer von den freisinnigen Zeitungen gebracht wurden.

Während auf der einen Seite jene Artikel, und im besondren der des Berliner Tageblatts, gegen den Fürsten Reichskanzler selbst gemünzt sein dürften, wollen dieselben andrer-
seits augenscheinlich den Glauben erwecken, als ob Frictionen
in den maßgebenden Regirungskreisen auch jetzt beständen beziehungsweise im Anzuge wären, wie sie während der kurzen
Regirungszeit des eben verstorbenen Kaisers wiederholt von
den Zeitungen gemeldet wurden [1].

Da die von den Artikeln berührte Frage der auswärtigen
Politik ein brennendes Interesse für die ganze Welt hat, so

---

[1] Randbemerkung Bismarcks: aber nicht Statt fanden

werden sicherlich die ausländischen Zeitungen mehr oder weniger Act von dem Inhalte der Artikel nehmen. Se. Majestät hält es daher für angezeigt, wenn Euer Excellenz mit Hülfe der der Regirung nahestehenden Presse jene Frage richtig stellen und in energischer Weise gegen diese Preßangriffe Stellung nehmen.

Se. Majestät ermächtigte mich, Euer Excellenz zu versichern, daß Allerhöchstderselbe nach wie vor auf demselben Standpunkte stände, wie Se. Majestät denselben in den Unterredungen im Mai dieses Jahres dem Fürsten Reichskanzler entwickelt habe; daß Er nie dem Grafen Waldersee, trotz der Werthschätzung für denselben, einen unberechtigten Einfluß auf die auswärtige Politik einräumen und daß unter Allerhöchstseiner Regirung keine Hofcamarilla existiren werde; vielmehr sei Er überzeugt, daß unter denjenigen Leuten, denen Er Sein Vertrauen geschenkt habe und die Allerhöchstihm dienten, keine Parteiungen existirten, sondern daß Alle Ihm auf demselben Wege folgten, welcher zu dem von Sr. Majestät als richtig erkannten Ziele führt.

Euer Excellenz
gehorsamst ergebener
Freiherr von Bissing
Oberstlieutenant und Flügeladjutant.

Patriae inserviendo consumor.

Wiedergabe einer eigenhändigen Niederschrift, die der Fürst Reichskanzler dem Chef der Cotta'schen Buchhandlung, Adolf Kröner, im Verlauf der Besprechungen über Abfassung und Verlag der „Gedanken und Erinnerungen" überreichte.

Register

Um in der vorstehenden ersten Ausgabe des dritten Bandes der „Gedanken und Erinnerungen" die im Manuscript überlieferten Fußnoten nicht unnötig zu vermehren, habe ich im „Register" manches gesagt, was zur Erläuterung des Textes dienen mag. Im übrigen ist dasselbe tunlichst demjenigen angepaßt, das † Horst Kohl der „Neuen Ausgabe" der beiden ersten Bände (1912) beigegeben hat.

Eduard von der Hellen.

Schelling, Hermann v. (1824–1908), Sohn des Philosophen, 1879 Staatssecretär des Reichsjustizamtes, Jan. 1889 bis Nov. 1894 preuß. Justizminister 43. 53. 57. 62. 75. 77. 93. 96 f. 163 f. 169. 170.

Schicksals, Ironie des 121.

Schiffscapitän mit brennender Cigarre auf der Pulvertonne 132.

Schlachtfeldtheorie Caprivi's 114 f.

Schlafmütze 122 Fußnote.

Schlagfertigkeit 19.

Schlesien 124. 133. 156.

Schlesischer Magnat s. Uzest.

Schleswig-Holstein 37. 162.

Schlözer, Kurd v. (1822–94), Historiker und Diplomat, 1871 deutscher Gesandter in Washington, im Sommer 1881 auf Urlaub in Deutschland und in Bismarck's Auftrag in Rom, 1882–92 preuß. Gesandter beim Hl. Stuhl 162.

Schlubuth, Kammerrath v., wegen unbarmherziger und unredlicher Amtsführung 25. Aug. 1731 vor dem Berliner Schloß gehenkt 59.

Schmeichelei 126. 129. 131.

Scholl, v., Major u. Flügeladjutant Wilhelm's II. (Juni 1890) 121.

Scholz, Adolf Heinrich Wilhelm v. (geb. 1833), preuß. Jurist, 1880 Staatssecretär des Reichsschatzamtes, 1882 bis Juni 1890 preuß. Finanzminister 53. 57. 62. 74. 75. 77. 79. 93. 96 f. 144. 163 f. 169. 170.

Schöngeister 123.

Schönhauser Bauerndeputation 46.

Schreiberherrschaft 29.

Schröder, Bergmann, Sprecher der Streikdeputation im Mai 1889 (mit Bunte und Siegel) 58.

Schüchternheit, höfliche 70.

Schuwalow, Paul Graf (1830 bis 1908), russ. Offizier und Diplomat, 1885–94 russ. Botschafter in Berlin 90. 99. 101. 105 f.

Schwarzenberg, Felix Fürst v. (1800–52), seit 21. Nov. 1848 östr. Ministerpräsident 153. 157.

Schwarzer Adlerorden, demonstrative Verleihung an Boetticher 78.

Schweden 123.

Schweigen als Bejahung 73.

Schweinitz, Hans Lothar v. (1822 bis 1901), preuß. Offizier und Diplomat, 1876–92 Botschafter in Petersburg 106. 135.

Schweiz 30 ff. 67. 69.

Schweninger, Ernst (geb. 1850), Arzt, Assistent und Dozent in München, 1884 Leibarzt Bismarck's und Professor an der Berliner Universität 42.

Schwerkraft, Sicherfühlung vermöge eigener 132.

Schwunghaftigkeit 54. 66. 127.

Seckendorff, Friedrich Heinrich Reichsgraf v. (1673–1763) 123.

Selbständigkeit 69.

Selbstbeobachtung, psychologische 72.

Selbstbeschädigung, Grundsatz aller Reichsfeinde, die Kaiserliche Regirung auf dem Wege zur S. nicht aufzuhalten 71.

Selbstbewußtsein 126.

Selbstherrlichkeit 121 f.

Selbstüberschätzung 2. 27. 124. 133.

Selbstvertrauen, königliches 114. 124. 127.

Selbstverwaltung 29.

Serviles Element im Staatsrath 69.

Sexuell s. Geschlechtlich.

Seydel, Pastor in Dresden 22. (S. bezeichnete in Versammlung der christl.-soc. Partei in Berlin am 3. Jan. 1888 Bismarck als deren

Fürst Otto von Bismarck

Gedanken und Erinnerungen

Neue Ausgabe. Groß-Oktav. Band 1 und 2. Mit einem
Bildnis und einem Faksimile In Halbleinen gebunden M. 80.—
in Ganzleinen M. 100.—, in Halbleder M. 175.—

Der dritte Band   In Halbleinen gebunden M. 30.—
in Ganzleinen M. 38.—, in Halbleder M. 58.—

Volksausgabe. Band 1 und 2. Mit einem Bildnis
In Halbleinen gebunden M. 35.—

Anhang zu den Gedanken und Erinnerungen

Zwei Bände   In Ganzleinen gebunden M. 48.—

Einzelausgaben:

Kaiser Wilhelm I. und Bismarck. Mit 1 Bildnis des
Kaisers und 22 Briefbeilagen in Faksimiledruck
In Ganzleinen gebunden M. 24.—

Aus Bismarcks Briefwechsel
In Ganzleinen gebunden M. 24.—

Wilhelm I. und Bismarck in ihrem Briefwechsel

Auswahl und Erläuterungen von Eduard von der Hellen
Geheftet M. 3.—

Briefe an seine Braut und Gattin

Herausgegeben vom Fürsten Herbert Bismarck. Mit
einem Titelbild der Fürstin nach Franz v. Lenbach und zehn
weiteren Porträtbeilagen. 7. Auflage
In Halbleinen gebunden M. 65.—

Ergänzungsband: Erläuterungen und Register von
Horst Kohl   In Halbleinen gebunden M. 20.—

Briefe an seine Gattin aus dem Kriege 1870/71

Mit einem Titelbild und einem Brieffaksimile
In Halbleinen gebunden M. 10.—

Briefe an seine Braut und Gattin

Auswahl. Mit einem erläuternden Anhange hrsg. von
Eduard von der Hellen. Mit 3 Bildnissen
In Halbleinen gebunden M. 16.—

Fürst Otto von Bismarck

Briefe an den General Leopold von Gerlach

Neu hrsg. von Horst Kohl   Gebunden M. 8.—

Briefe des Generals Leopold von Gerlach an Otto von Bismarck

Hrsg. von Horst Kohl   Gebunden M. 6.50

Bismarcks Briefwechsel mit Kleist-Retzow

Hrsg. von Herman von Petersdorff   Geheftet M. 1.—

Aus Bismarcks Familienbriefen

Auswahl, für die Jugend zusammengestellt und erläutert von H. Stelling   Gebunden M. 3.—

Die politischen Reden des Fürsten Bismarck

Historisch-kritische Gesamtausgabe, besorgt von Horst Kohl. Mit einem Porträt des Fürsten nach Franz von Lenbach. Vierzehn Bände   Gebunden je M. 20.—

Reden und Ansprachen des Ministerpräsidenten und Reichskanzlers a. D. Fürsten von Bismarck 1890—1897

Kritische Ausgabe, besorgt von Horst Kohl

           Gebunden M. 20.—

Bismarckreden. 1847—1895

Hrsg. von Horst Kohl. 7. Auflage, vermehrt durch ein Gedenkwort zu Bismarcks 100. Geburtstag

        In Halbleinen gebunden M. 24.—

Bismarck-Erinnerungen des Staatsministers Freiherrn Lucius von Ballhausen

Mit einem Bildnis und Brieffaksimile. 4.—6. Auflage mit Register

In Halbleinen gebunden M. 50.—, in Halbleder geb. M. 110.—

Fürst Otto von Bismarck

Dr. Freiherr von Mittnacht, K. Württemb. Staatsminister und Ministerpräsident a. D., Erinnerungen an Bismarck
6. Auflage   Gebunden M. 2.—

— Erinnerungen an Bismarck
Neue Folge. (1877—1889). 5. Aufl.   Gebunden M. 2.—

— Rückblicke
Mit dem Bildnis des Verfassers. Vierte, teilweise geänderte und erweiterte Auflage   Gebunden M. 3.30

Arnold Senfft von Pilsach, Aus Bismarcks Werkstatt
Studien zu seinem Charakterbilde   Geheftet M. 1.60

Karl Groos, Bismarck im eigenen Urteil
Psychologische Studien. 1.—3. Auflage
                In Halbleinen gebunden M. 20.—

Erich Marcks, Bismarck
Eine Biographie. Band I: Bismarcks Jugend. 1815—1848. Verbesserter Neudruck. 16. u. 17. Auflage. Mit zwei Bildnissen   In Ganzleinen gebunden M. 35.—

— Otto von Bismarck
Ein Lebensbild. Mit einem Bildnis. 16.—20. Auflage
                       Gebunden M. 10.—

Gottlob Egelhaaf, Bismarck
Für das deutsche Volk dargestellt. Mit zwei Bildnissen und einem Brieffaksimile   Geheftet M. —.40

Dr. A. Mittelstaedt, Der Krieg von 1859, Bismarck und die öffentliche Meinung in Deutschland   In Ganzleinen gebunden M. 10.—

Emil Ludwig, Bismarck
Erweiterte Ausgabe mit einem Bildnis. 10.—12. Auflage
                In Halbleinen gebunden M. 25.—

Bedeutende historische Werke

Heinrich Friedjung, Der Kampf um die Vorherr=
schaft in Deutschland 1859—1866. Zwei Bände. 10. Aufl.
In Halbleinenbänden M. 72.—
— Der Krimkrieg und die österreichische Politik
2. Auflage   In Halbleinenband M. 15.—
— Oesterreich von 1848—1860. In zwei Bänden
Erster Band. 4. Auflage   In Halbleinenband M. 34.—
Zweiter Band, 1. Abteilg. 3. Aufl. In Halbleinenband M. 31.—
— Historische Aufsätze. 1. u. 2. Auflage
In Halbleinenband M. 31.—

Reinhold Koser, Geschichte Friedrichs des Großen.
Vier Bände. Mit einer farbigen Karte und 10 Schlachtskizzen
4.—7. Auflage   In Halbleinenbänden M. 125.50
— Friedrich der Große. Volksausgabe. Mit einem Bildnis
des Königs nach dem Gemälde von J. H. Chr. Franke
9.—11. Auflage   In Halbleinenband M. 35.—
— Geschichte der brandenburgisch=preußisch. Politik.
Erster Band: Geschichte der brandenburgischen Politik bis zum
Westfälischen Frieden von 1648. Mit einer Karte. 2. Auflage
In feinem Halbfranzband M. 32.—
— Zur preußischen und deutschen Geschichte. Aufsätze
und Vorträge. 1.—3. Auflage   In Halbleinenband M. 40.—

Theodor Lindner, Weltgeschichte in zehn Bänden
4. und 5. Tausend   In Halbleinenbänden je M. 54.—
Band 9 und 10 erscheinen auch unter dem Sondertitel:
Weltgeschichte der letzten hundert Jahre. Zwei Bände
In Halbleinenbänden je M. 54.—
— Geschichtsphilosophie. Das Wesen der geschichtlichen Ent=
wicklung. Einleitung zu einer Weltgeschichte. 4. Auflage
In Halbleinenband M. 26.—

Eduard Meyer, Geschichte des Altertums. Fünf Bände
2.—4. Auflage.   In Halbleinen M. 316.—
(mit Ausnahme des vergriffenen 2. Bandes)
— Caesars Monarchie und das Principat des Pom=
pejus. Innere Geschichte Roms von 66 bis 44 v. Chr. Zweite,
verbesserte Auflage.   In Halbleinenband M. 36.—
— Ursprung und Anfänge des Christentums. Erster Band:
Die Evangelien. 1.—3. Auflage. In Halbleinenband M. 50.—
Zweiter Band: Die Entwicklung des Judentums und Jesus
von Nazaret. 1.—3. Auflage.   In Halbleinenband M. 68.—

Alfred Stern, Geschichte Europas seit den Ver=
trägen von 1815 bis zum Frankfurter Frieden von 1871
1.—3. Abteilung. 8 Bände. 1. u. 2. Auflage.
In Halbleinenbänden M. 336.—

.